成年後見制度はなぜしくじったのか

仲島幹朗

伏流社

目次

カバー装丁　山口真理子

1章　成年後見制度は失敗だった

利用者数の伸びない今の成年後見制度

もはや使い古された言い方にはなりますが、二〇〇〇（平成一二）年に介護保険制度と同時にスタートしたにも関わらず、成年後見制度は、認知症高齢者の実数に比べてもほとんど利用されてきませんでした。各新聞報道等によっても、二〇二〇（令和三）年の国内の認知症高齢者数は約六〇二万人、知的障がい者数は一一八万人となっています。それに対して、この制度の利用者数は二四万人程度、実に利用が可能な対象者の三％しか利用していないということです。これははっきり言って、大失敗だろうと思われます。市民は、全く相手にしてこなかったのです。

私の二〇〇〇（平成一二）年からスタートしました約二一〇〇人近くになる後見人活動の経

験からしましても、この制度が始まった当初の頃のように制度説明をいちいちしなくても、「後見人」と名乗れば、一般市民にも十分にわかってもらえるほど知られるようにはなりました。ネットを少し検索すれば、一般市民からの投稿も数多く見受けられます。つまりは、この制度自体を知らないから使わないのではなく、ネット投稿にも多く見られるように、一般市民がこの制度を知った上で、忌避した結果だと言えるのではないでしょうか？

有名な「二〇二五年問題」というものがあります。つまり、〝団塊の世代〟全員が後期高齢者となることにより、さまざまな社会的影響が生じるとされている問題です。その数、なんと八〇〇万人。総人口一億二二五七万人のうち、後期高齢者の人口が、二一八〇万人に達する社会の到来、ということです。その社会では、当然に認知症患者も増えるし、昨今の統計からして単身者も増えます。本来なら、成年後見制度がしっかり機能していなければならない社会となるはずなのに、今のままでは市民は見向きもしないでしょう。

そこで政府は、二〇一六（平成二八）年四月に、「成年後見制度利用促進法」というものを成立させました。この成立には、司法書士が中心メンバーである公益社団法人が大きく関与してきましたが、その元理事長の講義を受けた時、その講義の中で、

「これで、この公益社団法人やメンバーは、この法律のもとで新たに設置される機関に大い

につながりができる」

といった内容のことが、自画自賛・自己陶酔的に話されていたのを思い出します。

公益社団法人がリードして、鳴り物入りで成立させたこの成年後見制度利用促進法では、その目的を次のように述べています。

この法律は、認知症、知的障害その他の精神上の障害があることにより財産の管理又は日常生活等に支障がある者を社会全体で支え合うことが、高齢社会における喫緊の課題であり、かつ、共生社会の実現に資すること及び成年後見制度がこれらの者を支える重要な手段であるにもかかわらず十分に利用されていないことに鑑み、成年後見制度の利用の促進について、その基本理念を定め、国の責務等を明らかにし、及び基本方針その他の基本となる事項を定めること等により、成年後見制度の利用の促進に関する施策を総合的かつ計画的に推進することを目的とする。

（成年後見制度利用促進法　第一条）

これに基づき、「成年後見制度利用促進基本計画」を二〇一七（平成二九）年三月二四日、次のように閣議決定しました。

① 利用者がメリットを実感できる制度運用へ改善を進める。

② 全国どの地域においても必要な人が成年後見制度を利用できるよう、各地域において、権利擁護支援の地域連携ネットワークの構築を図る。

③ 不正防止を徹底するとともに、利用しやすさとの調和を図り、安心して成年後見制度を利用できる環境を整備する。

④ 成年被後見人等の権利制限に係る措置を見直す。

表1　申立件数の推移

平成 29 年	35,737 件
平成 30 年	36,549 件
平成 31 年（令和元年）	35,959 件
令和 2 年	37,235 件
令和 3 年	39,809 件
令和 4 年	39,719 件

※　最高裁判所事務総局家庭局 「成年後見関係事件の概況」（2022）をもとに作成

この①～④を施策の目標として、平成二九年度から令和三年度まで、成年後見制度利用促進基本計画は実施されてきました。ちなみに、この第一期基本計画に続いて、令和四年度から第二期基本計画が実施されていますが、それについては後ほど述べるとして、興味深いのは、この第一期基本計画において、どれだけ成年後見制度の利用促進がなされたかということです。

表1により、成年後見制度利用促進法が施行されてから以降の申立件数の推移を見てみますと、若干の総数の増加が見て取れます。これからすると、一定の成果があったとも見て取れますが、はたして本当に市民は、この制度を受け入れたのでしょうか？

その答えは、本書を読み進めていただくうちに、自ずからおわかりいただけると思います。

今の成年後見制度の使い勝手が悪い理由

私が前著『本当は怖い！　成年後見　成年後見人には気をつけろ！』（二〇一七）でもすでに指摘しました通り、現行の成年後見制度には、次のような欠陥が見られます。

①　たとえ遺産分割協議等単発的な必要があるのにすぎない場合でも、一度、後見人等が

選任されますと、亡くなるか判断能力が回復するまでずっと離れません。
② その間、弁護士、司法書士等といった資格者後見人に月額二万円以上の報酬を払い続けなければなりません。
③ 好ましからざる後見人等が選任されてきても、解任請求が功を奏するまで有効に首をすげ替える手段がありません。
④ 不信を抱いた家族でも、後見人等の活動記録を開示してもらうのは難しいことです。
⑤ 専門職後見人の不祥事に対する損害賠償が十全になされる制度がありません。
⑥ 専門職後見人の養成プログラムが〝座学〟中心で、そのため数時間の講義をとにかく聞いただけでわかった気になった、特に司法書士を中心とする法律職後見人が、本人や家族の意向を無視して独善的な後見業務に陥ることが多いです。
⑦ 特に法律職後見人の当たりハズレが大きいのです。〝座学〟だけの養成プログラムしか受けていませんので、対人援助の能力が各後見人によって差が大きいため、市民に不安を与えています。
くわしい内容は前著に譲りますが、これを著した時にも、大手から中小まで数社のマスコ

ミの取材を受けました。いくつかのマスコミは、私のペンネーム入りで私の主張を取り上げてくれましたが、共同通信等の大手のマスコミは、

「資格者後見人のお金の使い込みといった不祥事には客観性はあるが、その他の先生の主張はあまりサンプル数としては多くなく、未だ普遍性がない」

といったことで、取り上げてくれませんでした。

ところが、その共同通信にしても、二〇二二年八月一二日の記事によりますと、

現在の仕組みでは利用を始めると原則、途中で止めたり後見人を替えたりすることができないため、必要な時だけ使えるようにするほか、後見人を柔軟に交代できるようにする方向だ。利用者が後見人に支払う報酬も、いくらかかるかわかりにくい仕組みを改める考え……

といったように、この制度がうまく機能していない点を取り上げてくれるようになりました。隔世の感がします。

さらに私もカメラの前に立った，令和四年一一月一四日放送のＮＨＫ「クローズアップ現代～親のお金をどう守る認知症六〇〇万人の資産管理トラブル回避術」でも、実際の制度利用

者の家族に、

「主人の財産を守って主人から報酬をもらっているんだったら、一度でも挨拶に来てもいいんじゃないかなと。後見制度ってなに何なのとずっとこの七年クエスチョンです」

「後見人はつけるべきではなかったな」

と言わしめるほど、使い勝手の悪さを鋭く報道してくれるようになりました。

国連から指摘されている通り、被後見人の意思決定を阻害しているという致命的な欠陥が、この制度に存することは多くの識者も指摘する通りですが、私としてはいかに制度を美しくしても、そこに関わるプレイヤーが変わらなければ、この制度はもはやどうしようもないところまで来ている、と思っています。

そこで次章からは、現在、この制度の中で中心的に活動しているプレイヤーの問題に的を絞って、述べていこうと思います。

2章　成年後見のプレイヤー　司法書士および弁護士

法律職後見人に寄せられる苦情

司法書士と弁護士で後見人の半数以上

市民が、成年後見制度を利用しようとする場合に対応しなければならない人や機関のこと、いわば登場人物についてのお話です。四親等内の親族や本人、昨今急増している市町村長等が、成年後見等の申立を家庭裁判所に起こすことから始まり、家庭裁判所が後見人等を選任しその監督を行ってゆく、という流れになります。その中で、数でも力でも強大で、しかも問題が指摘される点が圧倒的な三者を、ピックアップして述べることにします。まずは、法律職後見人と称される司法書士と弁護士についてお話しします。

なお、次章以下も含めてこれから述べる事例は事実に基づきますが、具体的には特定でき

表２　成年後見等と本人との関係

親　　族	7,560 件	19.1%
司法書士	11,764 件	<u>**29.7%**</u>
弁 護 士	8,682 件	<u>**21.9%**</u>
社会福祉士	5,849 件	14.7%
市民後見	271 件	0.68%
計	39,564 件	

※　最高裁判所事務総局家庭局「成年後見関係事件の概況」（令和４年１月～ 12 月）をもとに作成（太字・下線は筆者）

ないように加工してあります。

成年後見人等と本人との関係については、**表２**のようになっており、司法書士と弁護士を合計すると五〇％を超えます。これはこの年に限ったことではなく、この二つの資格者が、成年後見人等に就任してきた過去をさかのぼれば、制度創設の二〇〇〇（平成一二）年頃には、親族が就任する割合がほとんどであったのが、徐々に資格者に取って代わられるたびに増大してきた、という事実があります。いわば現状の成年後見制度を良くも悪しくも支えてきた、主だったプレイヤーだということができます。

そして、国内には認知症の人だけでも約六〇〇万人いるとされる中で、この制度の利用者が、二〇二一年末時点で約二四万人にとどまっているという現実を招いた大きな原因は、当然、主たるプレイヤーである彼らにもある、と考えるのが自然なことではないでしょうか？

法律職後見人は福祉職後見人に比べて面会に来ない

「会いに来ない、会いに来ても話さない」

これが、この両資格者に寄せられる一番目立つ苦情ですが、それを裏付ける興味深い資料があります。

これは、二〇一七（平成二九）年一一月から二〇一八（平成三〇）年二月頃にかけて全国五五〇の市町村、一五〇〇の指定特定相談支援事業所[1)]、日本知的障害者福祉協会に加盟するすべての障害者支援施設、都道府県社会福祉協議会のホームページに掲載されているほぼすべての市町村社会福祉協議会を対象にしたアンケート調査の結果です。司法書士や弁護士がいかに会いに来ないか、来てもほとんど話さないか、ということが実証されています。

この数値をまとめると**表3**、**表4**のようになります。

ここから見ますと、弁護士はほぼ面会に来ず、仮に来ても十分以内で切り上げて帰ってしまいます。司法書士は、二～三カ月に一度くらいは訪れてくれますが、同じく十分以内で帰ってゆきます。これに対して福祉職後見人である社会福祉士は、一月に一回は訪問し、三十分

表 3　後見人等が本人に面会する頻度

面会する頻度	全体 (1798 人)	親 (296 人)	兄弟姉妹 (449 人)	弁護士 (188 人)	司法書士 (318 人)	社会福祉士 (234 人)
1 月 1 回	30%	45%	21.6%	4.3%	24.2%	59.8%
2~3 月に 1 回	25%	25%	28.7%	15%	27.7%	23.5%
年 1~2 回	19%	11.5%	26.3%	26.6%	21.1%	12.0%
ほぼ面会に来ない	19%	5.8%	18.9%	50%	22.3%	1.7%

表 4　後見人等が本人との面会にかける時間

面会にかける時間	全体 (1798 人)	親 (296 人)	兄弟姉妹 (449 人)	弁護士 (188 人)	司法書士 (318 人)	社会福祉士 (234 人)
30 分以内	17%	5.4%	15.6%	16.0%	21.4%	32.1%
20 分以内	13%	4.1%	4.7%	13.3%	19.2%	28.6%
10 分以内	15%	3.0%	7.8%	25.0%	24.5%	14.5%
1 時間以内	14%	11.1%	13.1%	11.2%	16.7%	15.4%
半日以内	7%	12.5%	15.1%	0.5%	1.3%	2.1%
1 日以内	4%	11.1%	8.2%	0.5%	0%	0%

※ 厚生労働省「平成 29 年度障害者総合福祉推進事業 成年後見制度の利用実態把握及び法人後見の活用に関する研究報告書」をもとに作成

以内の面談をしていることがわかります。いかに法律専門職が、被後見人に会いに行かないか、会ったところで話さないか、という事実が汲み取れる結果です。

成年後見の身上保護の理念とでも言うべきとても有名な条文があります。いまさら、紹介するのも恥ずかしいほど、今の後見制度の根幹をなす条文です。

成年後見人は、成年被後見人の生活、療養看護及び財産の管理に関する事務を行うに当たっては、成年被後見人の意思を尊重し、かつ、その心身の状態及び生活の状況に配慮しなければならない。

（民法八五八条）

弁護士や司法書士の偉い偉い先生方も、司法書士関連団体等の御用学者の先生方も、テキストや講義でよく取り上げられる条文です。ところが、その本当のところは全く理解できていない、否、きっとその理解する熱意も能力もないのではないか、と思わせるのが事実なのです。

家族との会食や本人の楽しみを取り上げてしまう

前述のＮＨＫ「クローズアップ現代～親のお金をどう守る認知症六〇〇万人の資産管理トラブル回避術」というタイトルの回で紹介されていた、大分市の六八歳の女性とその夫のケースでは、脳梗塞のため認知症になった夫につけられた、あとで言及する司法書士による公益社団法人のメンバーである司法書士が、財産管理担当の後見人に家庭裁判所から選任されて以来、身上保護を担当する妻や本人の要望にもかかわらず、好きな温泉にも行けなくなり、孫の七五三の記念撮影さえ予算や場所を自由に決められなくなった、という家族の悲鳴が報じられていました。

私の知っている実例でも、生活保護を受給している知的障がい者から唯一の楽しみである〝乗り物の絵本〟の購入を許さない司法書士がいると福祉関係者から困り顔で聞かされたこともありました。

学生時代の偏差値だけは高いのでしょうが、他人を理解、共感する能力に欠けた人は本当に困ったものです。

必要な福祉サービスさえ受けさせない

これも私の知る実例ですが、本人も家族も望んでいるにもかかわらず、預金額が一〇〇〇万円以上もあるのに、介護保険の点数が足らなくて自費になるという理由で、デイサービスに通わせてもらえない、という家族からの相談を受けたことがありました。本人も、万が一の場合に相続人となる家族も全員、デイサービスを自費であっても行ってほしいと願っているにもかかわらず、です。後見人の仕事を、〝お金の番人〟としか考えられない司法書士の仕業でした。

しかし、これも前著（『本当は怖い！成年後見』）でも書いた通り、後見人等の報酬はその管理する被後見人等の資産額で決められますから（その報酬額の「めやす」は家庭裁判所のHPに掲載してあるので参照して下さい）、管理財産が減少すると後見人等が家庭裁判所の審判で被後見人等の資産からもらえる報酬額も減少するという基本的に「利益相反関係」にありますので、自分の懐《ふところ》具合を考えての行動かも知れませんでした。ちなみに、〝一〇〇〇万円〟は報酬額の分岐点で、月額報酬が二万円台になるか三万円台に乗るかの大切な境目ですから、なにがなんでも一〇〇〇万円を減らしたくなかったのかもしれません。

事例1　合理的理由なく親族からの贈与を禁止する笑止の監督人

高圧的態度の任意後見監督人

これも私の知るところとなった実例です。今、世間で問題になっているのは、認知症等になってから家庭裁判所に申立て選任されてくる法定後見人のことが主ですが、認知症になる以前から自分の判断で後見人を決めておく任意後見の世界でも、いざ認知症等になったときに選任されてくる任意後見監督人[2)]は、弁護士や司法書士といった法律専門職が多いという、困った事実があります。今回のケースは、司法書士が任意後見人を務めているところに、弁護士が任意後見監督人として選任された事例です。

そもそもこのケースでの任意後見人と任意後見監督人との関係のつまずきは、任意後見監督人A（弁護士）が、ご本人名義の総額六〇〇〇万円以上にもなる数冊の通帳をチェックするから、監督人Aの事務所に持ってこいと任意後見人Bに命じたことから始まります。

任意後見監督人Aが、任意後見人Bが管理する本人名義の通帳をチェックするのは正当な権限であって、その点においては何の問題もありません。しかし後見人Bは、すでに自分の事務所の金庫の中で保管していた通帳を外にまとめて持ち出すのは防犯上物騒なので、Bの事務所に出向いてチェックしてくれないか、と監督人Aに依頼しました。この任意後見人Bは、従来も何十件もの任意後見人を務めてきましたが、防犯上の理由で資産家の場合には、監督人に出向いてもらっていました。理由を話せば、どの監督人も、気持ちよく出向いてくれていましたが、この監督人Aは違いました。

「そっちから来なさい！」

と言って、譲らなかったそうです。そこで、とげとげしいAの態度に根負けして、任意後見人Bは監督人Aの事務所に出向きました。その時のAの態度は高圧的で、後見人Bに、Aが今までに関与してきた弁護士としての〝高額な民事事件〟をひけらかしてはBに意見を求めたりしたと言います。本件とはなんの関係もないことばかりなのですが……。

デイサービスの費用をめぐって対立

そこからが始まりで、ケアマネジャーと相談の上で決めたご本人Cの意向でもある、デイサービスへの通所をめぐっては、自分の意見をまず一番に尋ねなかったという〝お叱り〟に続き、次に、そのデイサービスの費用をご本人Cの口座振替手続きが終わるまで、同じ有料老人ホームの同じ部屋で同居している妹Dが支払ったということが気に入らない、という指摘につながりました。

被任意後見人Cと妹Dとの間には、両親が早く亡くなったため、十歳近く年の離れた兄が親代わりになって妹を育てあげ、一流銀行に就職するまで面倒を見てきた、という事情がありました。兄にはそういった大恩があるため、有料老人ホームのスタッフから兄の口座振替手続きができるまでの間のデイサービス費用を、施設がすでに預かっていた妹の金銭から支出しておいていいかと尋ねられたとき、軽い気持ちで「そうして下さい」と応えたにすぎない事案でした。

だいたい、この兄と妹はともにずっと独身で、施設に入る前から同じマンションで暮らしてきた仲で、その時点も今も同じ部屋に住んでおられ、ずっと「財布は一つ」でやってきた関係でした。その有料老人ホームでは施設使用料は毎月、口座で引き落としをするのが一般的でしたが、使用料以外にもちょっとした買物等に備えて現金を預かっておく場合がよくありました。施設スタッフは、二人の間では「財布が一つ」なのを理解していたため、たまたま潤沢に預り金が残っていた妹Dにデイサービス費用の負担をお願いしたのです。負担といっても金額は、五六〇〇〇円にすぎません。ちなみに、年金額は妹が月に一五万、兄が一三万と決して多くはないものの、資産はそれぞれに六〇〇〇万円以上も持っておられます。そういうお二人にとっての五六〇〇〇〇円は、大騒ぎするような額ではありませんでした。

兄妹間のプレゼント（贈与）も禁止

ところが、です。この監督人Aは、次のような〝指摘〟を後見人Bにしてきました。

> そもそも被後見人のサービス利用料を別の方に最終的に負担させることには慎重にご判断いただくことが必要と考えます。もちろん負担する方が親族で、被後見人本人に資産が乏しいなどの事情がある場合にかつ負担者が正常な判断能力の下で喜んで贈与されるということであれば問題はないかと思います。ただ本件は被後見人本人も十分な資産を有しており年齢に照らしても妹Dに支援していただく必要性は乏しいように思います。
> なお被後見人ご本人に贈与の可否を判断する能力はないかと思いますので、今後被後見人から妹Dに贈与するようなことは厳に慎んでいただきますようお願いいたします。（傍点は著者）

ここで驚くべきことは本件の、妹Dが被後見人である兄Cにデイサービス利用料を負担、つまり贈与したという事例を越えて、反対に、被後見人である兄から妹に贈与することさえ

慎め、と言っていることです。（傍点の箇所）

つまり、被後見人である兄は、可愛い妹にちょっとしたプレゼント（贈与）をすることも、妹からの感謝の気持ちのこもったプレゼントを受け取ることさえ、できなくなったのです。

確かに認知症高齢者が社会的な取引の中で、むやみに不利益な贈与をしないよう保護する必要はあります。しかしながら、このケースで要求されているのは、長年一緒に生きてきた妹に対する贈与の、一律の禁止です。また、被後見人である兄Cは、確かに認知症に罹患していますが、日常生活は普通に行っており、会話もちゃんと成立します。監督人Aが被後見人Cに面会したのは、就任した当初のただの一度の一〇分間程度だけですが、その時には監督人Aと会話も交わしています。その一回の体験だけで、この監督人Aは、

「贈与の可否を判断する能力はない」

と断定しています。

認知症高齢者にも、本当に言葉は悪いですが、何を話しかけても理解できない〝植物状態〟のような方から、短期記憶には難があるものの、理解力の衰えはほとんど見られない方まで、その態様はさまざまです。それをこの監督人Aは、たった一回の数分間の面談の経験から、「贈与の可否を判断する能力はない」と、そこまで言うのです。

いかにこの監督人Aが、認知症高齢者を理解していないかを端的に表しています。

妹からの願い（上申書）も無視

この理不尽な任意後見監督人Aの〝指摘〟に対して、任意後見人Bは次のように、妹からの「上申書」という形で返答しました。

兄は親代わりで私を育ててくれた人ですので〝家族〟として当たり前の感情でしたことです。私にも兄にも相応の資産があり、私も兄にもこのデイサービス料金はそう多額の金額というわけではなく問題にしていません。兄のために良かれと思ってしたことでお世話になった家族に対して当たり前の気持ちでしたことです。そのごく自然な気持ちをご理解願います。

しかし、監督人Aからは、次のような回答が返って来ました。

貴職（後見人Bのこと）の報告書を拝見しますと、貴職は被後見人が合理的な理由なく親族から贈与を受けることにつき何ら問題ないと考えるようですが、非常に遺憾です。何度もお伝えしております通り、今後被後見人が合理的な理由もなく妹Dやその他親族から贈与を受けることは差し控えて下さい。（傍点筆者）

ついに妹だけではなく、すべての親族が被後見人に贈与、つまりプレゼントをすること自体の禁止を強要してしまったのです。（傍点の箇所）もちろん、「合理的理由なく」という括りはあるものの、ここで後見人Bが主張した、長年、「財布は一つ」という事実の中で、妹が「上申書」で述べた家族の情愛でしたことであるという主張さえ、「合理的理由がない」とされたわけです。

今後は、親族間のプレゼントでさえ監督人Aの「合理的理由に合致するかどうかの判断」が必要となるわけですから、これははなはだしい人権侵害だと言わざるを得ません。さらに先ほど述べた通り、親代わりの被後見人である兄が妹にプレゼントすることには、監督人Aの「合理的理由があるかどうかの判断」さえ行われず、原則、禁止されてしまうのですから、監督人の、この兄と妹および後見人に対する、〝支配欲〟のような気質が見て取れます。

後見人Bとしては、長年「一つの財布」としてやってきた家族が、たまたま必要になったものをそこから出しただけの話で、家族間でうまくいっているものを、後見人がしゃしゃり出て、被後見人の財布から改めて出し直すなどということは、自然な感情としてできなかっただけの話です。家族間の情愛に関与しなかっただけの話です。長年、家族間で行われてきたことには抑制的であるべきである、というのが後見人Bの判断でありました。そこに、合理的な理由を無理やり探し出そうとする監督人Aの、〝人権感覚〟というか、人間としての感情の欠如を思うと、そら恐ろしい気がしてきます。

どうでもいいことではありますが、この監督人Aは、東京大学法学部を卒業後、一流商社に就職後、数年の後に退職して司法試験に早期に合格した才媛でありました。

法律職後見人の独善性が後見現場を混乱させる

この事例には、多くの法律職後見人に見られる典型的な問題がひそんでいるように思われます。監督人Aは、後で見るような横領等の不正行為を働く、いわゆる〝悪徳弁護士〟の類いではありません。恐らく自分では、正義の実現のために一役かっていると思っているのでしょう。しかし、法の正義と常識との間にはしばしば乖離があり、それは家族や友人との間においてとりわけ顕著になりがちです。だから民法は、あくまで紛争が生じた場合の落とし所（解決手段）であって、紛争がなければ出る幕はない、つまり、民法以外の方法で解決してもよいとされているのです。ましてや本件では、妹の贈与という行為に違法性はなく、また監督人Aが担当する被後見人Cにとって被害が生じているわけでもないので、Aの指摘は、後見人の不正をチェックするという本来の監督人の業務範囲を越えた、明らかな過剰介入と言えます。監督人Aは、民法の原則や、自分がCの利益をまもる立場にあることを忘れ、あたかも全能の神のごとく一段高いところから眺め、兄妹愛に基づくごく普通の、自然なやりとりに対して難癖をつけているのです。そして、兄を支えたい一心から取った妹の行動を「不合理」と決めつけているのは、もはや非常識かつ独善的としか言いようがありません。

このように法律職後見人が、エリート意識や独善性から家族や福祉関係者を見下し、恣意的な法解釈をもてあそぶことによって、成年後見の現場を引っかき回すケースを、私は何度も見てきました。少数の犯罪事例よりも、少なからぬ法律職後見人に見られがちな、このような傾向こそがより深刻な問題で、後見現場に大きな傷跡を残してきたと言えるでしょう。

そして、このような非常識なふるまいを正す仕組みが、監督する家庭裁判所の側にあればまだしも救われるのですが、残念ながらそれもあまり期待できないようなのです。次に、それについて見ていきたいと思います。

3章　成年後見のプレイヤー　家庭裁判所

現行の成年後見制度において、家庭裁判所の果たす役割には大きなものがあります。主なものとして、成年後見人等の選任および監督があります。その中でさまざまな問題点が、利用者家族やマスコミから提起されていますが、ここではプレイヤーとしての家庭裁判所や審判官の問題点について、事実を踏まえて解説したいと思います。

裁判官独立の原則の弊害

裁判官は、〝お山の大将〟です。裁判官には、独立して裁判権を行使し、その職務に関して他から干渉を受けることはない、という原則があるからです。だから、ほとんど同じ事例であっても、裁判官が異なれば、別の取り扱いがなされても当然、ということなのです。例えば、この制度が始まった二〇〇〇（平成一二）年頃は、同じ都道府県を管轄する家庭裁判所においても、本庁や各支部間でさえ、成年後見人の申立に必要な添付書類が微妙に食い違っていたこともありました。

「この書類は、本庁では求められていませんが」

「うちはうちです！　裁判官の裁量です！」

と、高圧的に本庁以外の支部で書記官から言われたのを覚えています。

次に紹介するのは、ある司法書士が直面した実例です。

事例2　意味不明な保佐監督人の選任

後じまいのための死後事務委任契約

保佐人Ｅ（司法書士）は、八十歳代半ばを過ぎた男性の単身高齢者Ｆの保佐人に就任していました。Ｆには身寄りもなく、推定相続人は、もう二十年以上も会っていない郷里の兄弟姉妹がいるだけでした。保佐人Ｅは、保佐類型や補助類型の単身高齢者が亡くなった場合、できるだけその意に沿った葬儀や納骨をしてあげようとして、これまでにも亡くなった後の

〝後じまい〟を内容とする「死後事務委任契約」を、十数例も公正証書で作成していました。つまり公正証書で、亡くなった後どういった宗教で、どこで葬儀を行い、どこに納骨するのかを、生前にご本人にくわしく決めてもらっておくのです。もっともそういう契約で定めなくても、被補助人や被保佐人をお世話する補助人や保佐人は、後見人と違って、裁判所の許可も要せず緊急避難的に、荼毘《だび》に付し埋葬まで行うことができるのですが、それはほとんど無宗教で行われ、埋葬先も公営の墓地、というのが一般的です。保佐人Eは質素でも、葬儀をとり行ったり、望むような納骨ができる程度に経済的な多少のゆとりがあり、さらに親族間のトラブルも考えられない場合には、本人の意思を尊重した〝後じまい〟をするように心がけていたそうです。

それで今回も、その単身高齢者Fと「死後事務委任契約」を公正証書で締結しようとして、法律上は裁判所の許可がいるわけでもありませんが、事前に担当の家庭裁判所書記官に報告をしておきました。面白いのは、その同じ契約日に、資産も年齢も係累もほとんど同じ状態の別の被保佐人である高齢男性Gの「死後事務委任契約」も行うことになっていた、という点です。二人とも同じ病院に入院中だったので、公正証書作成の際には公証人に出張してもらうため、同じ日に契約を行った方が、公証人の便宜にもかなうと思ったからでした。

同じ日に予定していた別の高齢男性Gの死後事務委任契約締結の件も、事前に管轄家庭裁判所に報告しておいたそうですが、こちらの方からは何の反応もありませんでした。ちなみに、管轄家庭裁判所は二つとも同じです。審判官と書記官が異なるだけです。そもそもこの被補助人や被保佐人に対して行う死後事務委任契約で、書記官からその内容を補足的に聞かれたりしたことは、二回ほどあったそうですが、その他は何のリアクションもないのがこれまでの通例だったとのことでした。

ところが、今回は珍しく事前に報告をしてから一週間も経過してから、Fに関してのみ書記官から電話があったそうです。審判官が、保佐人と本人との間で利益相反[3)]になるのではないかと危惧しているので、それについての上申書を出してほしいという内容でした。書記官が言うには、

「まあ出していただければ、それで大丈夫でしょう」

ということでしたので、保佐人Eは、言われるままにただちに上申書を提出しました。保佐人Eはこれまでの経験もあり、また同時に死後事務委任契約を行う予定の別の高齢者Gについては、裁判所からいつもの通り何のリアクションもなかったので、書記官から連絡があった方もこれで終わったものと判断して、二人とも病院を訪れた公証人によって、無事に死後

事務委任契約を締結しました。

ところが、死後事務委任契約をした翌日に、先日電話をかけてきた書記官がまた電話をかけてきて、審判官が臨時保佐人[4]を立てることに決めたので、死後事務委任契約を待ってほしい、ということでした。今回の電話は、前回の電話を受けて「上申書」を提出してから一週間以上も経ってからのことだったそうです。保佐人Eは、次のようなことを書記官に話しました。

・前回の電話からずいぶん時間も経ってしまっていること
・今までにこのような取扱いを、他の審判官から受けたことは全くなかったこと
・現に今回同じ日に、ほとんど同じ条件で、別の高齢者Gと死後事務委任契約をしているが、その審判官からは何も言ってきていないこと
・本人Fの意思確認は、同じ国家公務員で、元検事正でもある公証人が厳密に行っていること

不必要な保佐監督人を選任したことによって悲惨な結末

数日後、別の女性書記官から機械的な声で、

「今回の件につき立件がなされ職権で保佐監督人[5)]が選任されるようになりますので、お含み置き下さい」

と、やたら「立件」[6)]を強調した電話が入り、面白いことにそれ以来、最初の男性書記官との接触が全くできなくなってしまった、ということです。

ここまでなら、保佐人Eと裁判所との意思疎通の食い違いというだけの話で終わらせることもできますが、すさまじいのは、ここからの裁判所、厳密にはその審判官のとった態度です。今、保佐監督人が付けられんとしている高齢男性Fは、長期入院中で年金もそう多くはなく、資産は百万円を少し出た程度しかありません。それでも計算すれば、いくばくかのお金を残すことは可能でした。そして、その残ったお金を、昔好きだったとある女性に渡してほしい、という内容の公正証書遺言もしたためられていました。どのようなことが過去にあったかはわかりませんが、自分の死に臨んで、その女性に何らかの思いを伝えたかったのかもしれません。

家庭裁判所調査官が、審判官の命を受けて、その高齢男性Fの意向を聞きに病室までやってきました。高齢男性Fは、保佐人である司法書士Eを信頼しているので、保佐監督人なんてわざわざ絶対につけてほしくないと拒んだと、その調査官の調書には書いてありました。

にもかかわらず、その審判官は保佐監督人を選任しました。

保佐監督人に選任されてやってきた弁護士も、保佐人Ｅがこれまでに行ってきた保佐業務を洗い直し、全く不正がないことを確認した上で、調査官の調書でも本人Ｆは拒否しているし、資産も本当に少ないし、どうして保佐監督人がつくのかわからない、早期に保佐監督人を外すよう審判官に申し入れる、とさえ言ってくれたそうです。

しかしながら、その後三年間保佐監督人は外されることなく、やがてその高齢者Ｆは死亡しました。保佐監督人への数十万円に及ぶ報酬を差し引かれた挙句、ギリギリ葬儀と納骨だけはできたものの、Ｆが望んでいた好きだった女性へのお金はびた一文残すことができなかった、という結末になってしまいました。

ここで恐ろしいのは、「裁判官独立の原則」によって、裁判官によってその判断がまちまちになるということはもちろんのこと、裁判官に意見を言うと、つまりタテつくと、本人の意向や利益を無視してまでも、裁判官がその面子を保つためとしか言いようのない嫌がらせのような行為を、平気で行うという事実です。本人や家族が嫌がるのに無理やり後見監督人をつけたり、後見制度支援信託に回したり、という例は枚挙に暇がありませんが、ここにも裁判官の独断による市民への嫌がらせのような行為が見て取れます。本当に彼らはメンツだけの人種なのかとも思えてきます。

最高裁による「親族後見優先」の通知

二〇一九（令和元）年三月一九日の朝日新聞の朝刊一面に、次のような記事が掲載されました。

認知症などで判断能力が十分ではない人の生活を支える成年後見制度をめぐり、最高裁判所は一八日、後見人には「身近な親族を選任することが望ましい」との考え方を示した。後見人になった家族の不正などを背景に弁護士ら専門職の選任が増えていたが、この傾向が大きく変わる可能性がある。

専門職不評　利用伸びず

同日開かれた制度の利用促進をはかる国の専門家会議で、最高裁が明らかにした。これまでは各家庭裁判所が親族らの不正を防ぐ観点から専門職の選任を増やしてきた。だが、制度の利

日(火)　朝日新聞　1892年

成年後見「親族望ましい」

選任対象 最高裁、家裁に通知

認知症などで判断能力が十分ではない人の生活を支える成年後見制度をめぐり、最高裁判所は18日、後見人には「身近な親族を選任することが望ましい」との考え方を示した。後見人になった家族の不正などを背景に弁護士ら専門職の選任が増えていたが、この傾向が大きく変わる可能性がある。

専門職不評 利用伸びず

同日開かれた制度の利用促進をはかる国の専門家会議で、最高裁が明らかにした。これまでは各家庭裁判所が親族らの不正を防ぐ観点から専門職の選任を増やしてきた。だが、制度の利用は低迷。こうした中で、国は2017年に利用促進の計画を策定し、見直しに着手した。利用者がメリットを実感できる仕組みに変える一環として、最高裁は今回初めて選任に関して具体的な考えを表明した。今年1月に各地の家庭裁判所に通知したという。

最高裁は基本的な考え方として、後見人にふさわしい親族など身近な支援者がいる場合は、本人の利益保護の観点から親族らを後見人に選任することが望ましいと提示。また、後見人の交代も、不祥事など極めて限定的な現状を改め、状況の変化に応じて柔軟に交代・追加選任を行うとする。昨年6月～今年1月、日本弁護士連合会や日本司法書士会連合会など専門職団体と議論を重ね、考えを共有したという。

最高裁家庭局は、後見人の選任は各裁判官が個々の事案ごとに判断するため「あくまで一つの参考資料」と説明する。ただ、今後、各家裁で運用方法を検討していくといい、最高裁の考え方に沿った選任への見直しが進むとみられる。

成年後見制度は00年に導入された。しかし、認知症高齢者が500万人を超すと言われる中、成年後見の利用は約21万8千人（18年12月時点）にとどまる。後見人には親族が自ら就任を望むことが多いが、家裁が親族を選んだ割合は23%（18年）にすぎない。見知らぬ専門職が後見人に選任されることへの反発は強く、財産管理だけでほとんど本人の生活支援がないまま高い報酬をとられることへの懸念も、制度利用を妨げる壁となっていた。

一方、各家裁は、本人の財産の使い込みなど親族らによる不正がピークの14年

朝日新聞（2019年3月19日）

用は低迷。こうした中で、国は二〇一七年に利用促進の計画を策定し、見直しに着手した。利用者がメリットを実感できる仕組みに変える一環として、最高裁は今回初めて選任に関して具体的な考えを表明した。今月一月に各地の家庭裁判所に通知したという。

最高裁は基本的な考え方として、後見人にふさわしい親族など身近な支援者がいる場合は、本人の利益保護の観点から親族らを後見人に選任することが望ましいと提示。また、後見人の交代も、不祥事など極めて限定的な現状を改め、状況の変化に応じて柔軟に交代・追加選任を行うとする。昨年六月～今年一月、日本弁護士連合会や日本司法書士会連合会など専門職団体と議論を重ね、考えを共有したという。

最高裁家庭局は、後見人の選任は各裁判官が個々の事案ごとに判断するため「あくまで一つの参考資料」と説明する。ただ、今後、各家裁で運用方法を検討していくといい、最高裁の考え方に沿った選任への見直しが進むとみられる。

成年後見制度は二〇〇〇年に導入された。しかし、認知症高齢者が五〇〇万人を超すと言われる中、成年後見の利用は約二一万八千人（二〇一八年一二月時点）にとどまる。後見人には親族が自ら就任を望むことが多いが、家裁が親族を選んだ割合は二三％（二〇一八年）にすぎない。見知らぬ専門職が後見人に選任されることへの反発は強く、財産管理だけでほとんど本人の生活支援がないまま高い報酬をとられることへの懸念も、制度利用を妨げる壁となっていた。

一方、各家裁は、本人の財産の使い込みなど親族らによる不正がピークの二〇一四年に全国で八〇九件、約五一億一〇〇〇万円に上がったことなどを踏まえ、専門職の選任を進めてきた。国の計画では、二〇二一年度までに全国の市区町村に設ける予定の「中核機関」で親族後見人の支援を担い、制度の理解不足による不正を防ぐことも是正。最高裁も中核機関の整備を前提に、親族らの選任を進めていきたい考えだ。

ただ、厚生労働省が同日発表した初めての実態調査（昨年一〇月時点）では、親族後見人を増やすカギとなる自治体の中核機関について、九五％の市町村が未設置で、今後の設置予定につ

いても七七％が「未定」と回答。中核機関設置が進まなければ、想定通りに見直しが進まない恐れがある。（傍点は筆者）

これに続き他の報道各社からも、専門家会議の内容を踏まえた記事が出されました。ところが、二〇一九（令和一）年六月一二日付の「家庭局News」では、「第3回成年後見制度利用促進専門家会議開催！」（5/27）「家庭局からの報告事項」という見出しのもとに、次のような文章が掲載されています**（表5）**。

全国紙での報道を受けて、選任および報酬は各裁判官が個別の事案において判断するものであり、最高裁が何らかの基準や運用方針を示すものではないという……（傍点は筆者）

引用した朝日新聞の記事でも、確かに「後見人の選任は各裁判官が個々の事案ごとに判断するため『あくまで一つの参考資料』」（傍点箇所）とされていますが、「最高裁が何らかの基準や運用方針を示すものではない」（傍点箇所）と断定されてしまうと、従来の方針とどこが違うのかがわからなくなってしまいます。

表５　家庭局 News

Vol.49
令和元年６月12日

家庭局 News

発　行
最高裁事務総局家庭局

第３回成年後見制度利用促進専門家会議　開催！ (5/27)

家庭局からの報告事項

① 適切な後見人の選任及び報酬付与の在り方に関する検討状況等

・平成 31 年１月 24 日付け家庭局第二課長書簡による各庁への情報提供について、報酬付与の在り方に関する部分を含めて説明

・全国紙での報道を受けて、選任及び報酬は各裁判官が個別の事案において判断するものであり、最高裁が何らかの基準や運用方針を示すものではないという前提や、情報提供した資料の具体的内容を説明

② 後見人等の意思決定支援の在り方に関する協議の状況

・厚生労働省、最高裁判所及び専門職団体による第１回ワーキンググループ開催

・後見人等による意思決定支援の在り方について、実務上参考とすることができるガイドラインの策定に向けて協議

※ 最高裁判所事務総局家庭局発行 2019 年 49 号をもとに作成

家族後見人の選任があまりに少ないという、世間の批判に対するリップサービスをしてみたものの、報道各社が書き立てたのでお仲間の裁判官の側にまた戻ってきました、といったところでしょうか？

結局は、従来通り、「裁判官独立の原則」に立って、それぞれの家庭裁判所の〝お山の大将〟にまかせます、ということのようです。

審判官は絶対に市民の側には立たない

長年、後見人の世界で生きていますと、市民からも裁判所の絡むさまざまな相談を受けてきました。夫に、夫婦の意に反して後見人が付けられた高齢の妻が、施設に入所している夫に後見人が会いに来たのは就任当初の一回だけで、その後の七年間は全く姿を見せず、妻が施設の対応に疑問を感じることがあるので、後見人に相談したところ、聞く耳を持たず施設の言いなりになっているので裁判所に相談した、というケースがありました。電話に出て来たのは担当の書記官でしたが、いくら説明しても審判官につなげてくれることはなく、「後見人の先生にまかせている」

としか言わなかったと言います。

同じようなケースは枚挙に暇がなく、まず、家族からの訴えは、書記官で握りつぶされることが多いようです。司法書士や弁護士の肩をもって何もなかったことにする、といったマニュアルでもあるのでしょうか？


妹Dが被任意後見人である兄Cのデイサービス料金を支出したというケース（事例1）でも、あまりに監督人Aが理不尽なので、任意後見人Bもまずは裁判所に相談をした、と言います。その時も、電話に出た担当書記官は、ひとえに監督人A（弁護士）の肩を持ち、

「せめて私の話した内容を記録に残してもらえませんか？」

という任意後見人Bの申出に対して、

「その必要はありません！」

と冷たく突き放して、電話を切ったということです。

それで、任意後見人Bは、仕方なく任意後見監督人Aの解任請求を申し立てました。裁判所が聴く耳を持たないという態度を取るのなら、法律上、必ず内容を聴いて回答を出さなければならない「解任請求」という手段に打って出るしかなかったのです。もっとも、任意後

見監督人の解任請求を任意後見人からできるかどうかということは、説が分かれており、案の定、審判官から取り下げるようにという指示が来たそうです。そこで、任意後見人Bは、今までのいきさつを妹Dに説明して、妹を申立人とする解任請求を出しなおしました。もっとも、その時はコロナが蔓延して、非常事態宣言が出ていた時期でもあったので、施設内に入って妹Dとの直接の面会は誰であってもできなかったため、文案は後見人Bが作成して、施設長から説明してもらい、同意の上で妹Dの署名捺印をもらっての申立となったそうです。

次に、この申立に対する裁判所の対応を記しますが、この対応にまさしく家庭裁判所という機関の立ち位置がはっきりしてくるようです。

監督人Aに対する解任請求の申立（事例1の続き）

任意後見人Bは前述の通り、任意後見監督人Aから次の通りの文書を受け取りました。言うなればこの文書が、任意後見人Bだけでなく〝妹〟や〝その他の親族〟さえも巻き込むことになった端緒の文書でした。

貴職（任意後見人Bのこと）の報告書を拝見しますと、貴職は被後見人Cが合理的な理由なく親族から贈与を受けることにつき何ら問題ないと考えるようですが、非常に遺憾です。何度もお伝えしております通り、今後被後見人Cが合理的な理由もなく妹Dやその他親族から贈与を受けることは差し控えて下さい。

解任請求の申立書に添付した「申立の実情」を詳細に記した「別紙」は次の通りです。また、申立書には前述の監督人Aにも提出した「上申書」も添付されていました。

申立書「別紙」

任意後見監督人Aには、次の通り、その任務に適しない行為があります。

(1)　**任意後見監督人の権限を逸脱した行為が散見されます**

兄の後見人であるB先生から、監督人のA先生から二〇××年×月×日付の「ご連絡」という文書で、そこで、今回、被後見人Cのデイサービス費用を妹Dが負担することになった経緯、および、正確な金額等を報告書の形でご説明いただき、ご提出下さい。また、以前、貴職（任意後見人B）から、妹Dは未だ判断能力は十分にあり、かつ、貴職が妹Dの財産管理を担当していると伺ったとの記憶ですが（当職の認識が間違っていましたらご指摘下さい）、同報告書には、妹Dの判断能力や財産管理担当者等についても言及しておいて下さい。（妹Dからの贈与を有効と判断するためには、妹Dに充分な判断能力があることが前提となります）

とあったため、兄と私が入所している施設長さんを通じてB先生（任意後見人）からの照会がありましたので、×月×日付で「上申書」を作成し、一通はA先生（監督人）への回答に、もう一通は直接B先生を通して、家庭裁判所に提出していただきました。

この上申書にも書いていますす通り、兄のデイサービス料金、令和×年×月分並びに×月分合計五六〇〇〇円を、長年一緒に暮らし、現在も同室で暮らしている妹である私が、施設長さんから、

「お兄ちゃんのデイサービス代、口座振替まで時間かかるけど、うちで預かっている妹さんのお金から出しといていい？」

と問われ、

「お兄ちゃんの分は、うちが出しとくわ」

と言って、施設長さんが施設で預かっている私の預り金から支出した、というだけのことです。私が兄のために良かれと思ってしたことです。もともと、兄とは施設に入る前から一緒に暮らしてきましたし、現在も同じ部屋で暮らしています。一緒に暮らしている家族が、善意でしたことにすぎないことに対して、いろいろと言われここまで干渉されるのは納得がいきません。さらに私の判断能力について、とやかく言うのはやめて下さい。本当に不愉快です。


監督人のA先生は、さらに、私が×月×日付で提出した「上申書」をご覧になった上で、×月×日付「ご連絡」で、

「『デイサービスの使用料の口座引落しには時間がかかる』から妹Dの贈与を受けることになったとのことですが、これだけの理由で贈与を受けたというのであれば」「合理的な理由(がない)」

と指摘されています。


しかしながら、私が兄のために出したデイサービス料金は、二つ合わせても五六〇〇〇円

という私たち兄妹にとってさほど目くじらを立てるべき金額ではなく、そもそも一緒に暮らしている家族が、親しい家族のために愛情で行うことに合理的な理由など必要とするのでしょうか？　世間の常識と大きくかけ離れているように思われます。

また、同日付「ご連絡」の中で「3贈与の授受についての忠告」というのを見て言葉を失いました。B先生は兄の任意後見人として、私が兄のために出したデイサービス料金のことを後でお知りになって、家族間のことだし、兄が不利益を受けるわけではないとして気持ちよく受け入れて下さいました。この監督人A先生の「忠告」によりますと、「何度もお伝えしております通り、今後、被後見人Cが合理的な理由なく妹Dその他の親族から贈与を受けることは、差し控えて下さい」（傍点は筆者）とありますから、私だけではなく他の親族（私には他にもう一人兄がいます）も何か兄のために良かれと思って物を渡す場合に「合理的な理由」を求められることになります。今回のデイサービス料金を私から出したという私たちにとっては些細なことまで制限されるわけですから、本当に気持ちが暗くなります。今回のデイサービス料金の「贈与」についても、私やB先生の判断には「合理性」がないと判断されたのはA監督人ですから、結局は、家族間でなされることの合理性の判断は、すべてA先生がされるということになります。

愛情関係で成り立っている家族間のことにまで、今までに一回だけそれも数分間お目にかかっただけの〝赤の他人〟であるA先生に、このような干渉をする権利があるのでしょうか？

⑵　その結果、本人や私、他の親族にも不愉快な思いをさせ、その権利を侵害しています

私は私がまだ一六歳の頃に父親を亡くし、それ以来、九歳年上の兄が親代わりとして私を育ててくれました。社会人になっても長く一緒に暮らしてきましたし、私は体の関係で一足早く施設に入居しましたが、ほぼ一年後に兄も入居してきて、現在、同じ部屋で暮らしています。親密な情愛で結ばれた仲のいい兄妹です。そういう私たちに対して、「そもそも、被後見人のサービス利用料を別の方に最終的に負担させることは慎重にご判断いただくことが必要と考えます」とか「本件は、被後見人本人も十分な資産を有しており、ご年齢に照らしても、妹Dに支援していただく必要性は乏しいように思われます」などと述べた挙句「合理的な理由」がないとし、さらに「今後、被後見人Cが合理的な理由なく妹Dその他の親族から贈与を受けることは差し控えて下さい」とまで断定しています。

監督人A先生のお考えでは、任意後見人B先生が今回のデイサービス料金を私が出したと

いうことを知ったその時点で、私に対して、「それは合理的理由がないのですぐにやめなさい。お兄さんのお金から直ちにお返ししますから、今後、勝手にお兄さんに『贈与』するようなことはやめて下さい」と言うべきであったということでしょう。

もしそんなことを任意後見人B先生から言われていたら、私はB先生の常識を疑っていたと思います。私たち家族とB先生との信頼関係、人間関係さえ危うくする監督人A先生のご指摘です。

家族に対してここまで干渉して平気なA先生のような方に、もはや兄のお世話はしてほしくありません。

上申書

××家庭裁判所後見係　御中

兄の任意後見監督人A先生から、任意後見人B先生に宛てて、兄の通っているデイサービス料金のうち、令和×年×月分円及び同年×月分円の支払いにつき照会があったと聞きました。その経緯を次に申し述べます。

何月頃だったかは覚えていませんが、私と兄が入居している施設の施設長さんからデイサービス料金につき兄の分の口座引落しがすぐには開始できないので、それまでは、私が施設に預けているお金から支払っていいかと問われましたので、「兄のお金は私が出します」と答えました。これは、後で返してもらおうなどというものではなく、兄のためにあげたものです。施設長さんから言われた通りに、単に事務的に行ったことです。また、このお金は私がB先生に管理を依頼している通帳からではなく、私が自分で管理している他の通帳から出金して、施設に預けていたものです。

兄は、親代わりで私を育ててくれた人ですので、〝家族〟として当たり前の感情でしたことです。私にも兄にも相応の資産があり、私も兄にもこのデイサービス料金は、そう多額の金額というわけではなく問題にしていません。兄のために良かれと思ってしたことであり、お世話になった〝家族〟に対して、当たり前の気持ちでしたことです。そのごく自然な気持ちをご理解願います。

なお、私が認知症であるから兄にこのような形でお金を与えたのではないかとも監督人A先生はお疑いのようですが、A先生自身とも、昨年×月×日に、私も同席の上、兄と一緒にお会いしてお話をしています。それで、私が認知症だと思われたのでしょうか？　私は認知症ではありません。

今回のように、兄に対して金銭や物品をあげるようなこと（贈与）は、兄に判断能力が乏しいため、今後、厳に慎むようにという監督人からの指示があったと、任意後見人のB先生から聞きましたが、そうなると、兄の誕生日にプレゼントを渡すことさえ、監督人の顔色をうかがわなければならなくなります。お世話になってきた親愛なる兄に対しての家族の行動を著しく妨げるものだと情けなくなります。家族のことにいたずらに介入しないで下さい。お願いします。

令和×年×月×日

驚くべき審判の却下理由

この解任請求に対しての裁判所の審判は、

「本件申立を却下する」

ということで、任意後見監督人Aを解任することはできませんでした。その理由の主なところは次の通りです。

解任事由の有無について

申立人Ｄ（妹）は、監督人Ａが、本人Ｃに資力がなく扶養義務が生じる場合でなければ、申立人Ｄが本人Ｃに贈与を行うことは合理的理由がないとして、本件贈与を許さず、家族間の贈与を「合理的な理由がない」場合に一律に控えるように求めたことを前提として、監督人Ａのかかる行動は、家族間の情や本人Ｃの意思をないがしろにした不当な干渉であり、任意後見監督人Ａの職責を逸脱していると主張する。

確かに、監督人Ａは、令和×年×月×日付の後見人宛ての書面において、

「今後、被後見人Ｃが合理的な理由もなく妹Ｄその他の親族から贈与を受けることは差し控えて下さい」

と述べ、家族間の贈与を「合理的な理由がない」場合に、一律に控えるように求めている。

しかし、本件では、後見人Ｂが、本人Ｃおよび申立人Ｄ（妹）の双方の財産管理権を有しており、少なくとも公正証書上、委任された財産管理権に制限はないように見えることから、本人Ｃと申立人Ｄとの間の贈与契約が、双方の真意に基づくものであるかは慎重に判断すべき事柄であるところ、申立人Ｄが、自身の署名押印が入った本件書面について作成した覚えがないと述べたり、自身の書面押印がされた本件申立書についてすべて後見人Ｂが作成し、

その主要部分である別紙を一度も読んだことがないと述べ、本件解任申立も、後見人Ｂによる解任申立に引き続いて行われていることなど、後見人Ｂの影響を相当強く受けていると伺えることからすれば、監督人Ａが後見人Ｂを監督する上で、申立人Ｄ（妹）から本人Ｃへの贈与について、「合理的な理由」を求めること自体は、任意後見監督人Ａとしての職責を果たすために必要な行為と評価でき、不当な干渉とは言えない。

また、監督人Ａは、令和×年×月×日付けの書面において、

「被後見人ご本人に贈与の可否を判断する能力はないかと思いますので、今後、被後見人Ｃから妹Ｄに贈与することは、厳に慎んでいただきますようお願いいたします」

と述べているが、これは、後見人Ｂが監督人Ａに無断で、本人Ｃを贈与者、申立人Ｄ（妹）を受遺者とする贈与契約を締結することができないこと（任意後見契約に関する法律七条一項四号）を忠告したものであって、任意後見監督人Ａとして正当な職務遂行と評価でき、不当な干渉とは言えないことは明らかである。

また、本件贈与について、監督人Ａが許さないと述べた事実は認められない。すなわち、本件贈与について、監督人Ａは、令和×年×月×日付けの書面において、

「負担する方が親族で、被後見人本人に資産が乏しい等の事情がある場合に、かつ、負担者

が正常な判断能力の下で、喜んで贈与されるということであれば、問題ないかと思います」と述べているが、「等」と記載されていることからすれば、監督人Aは贈与について合理的な理由がある場合を、本人Cに資力がなく扶養義務が生じる場合に限定しているわけではないし、監督人Aの同月×日付の後見人B宛の書面によれば、監督人Aは、デイサービス費用のうち、口座引落とし開始までの二カ月分のみを申立人D（妹）が負担するのは、後見人が本来行うべき振込手続きを省略[7)]するためではないかと疑念を抱き、さらなる「合理的な理由」を求めているにすぎないのであるから、監督人Aが本件贈与について、合理的な理由がないと決めつけ、許さないとまで述べたという事実は認められない。（傍点は筆者）

「等」というマジックワード

なんだか煙に巻かれるような文章の羅列でありますが、「等」にまつわる文章の流れを要約すると、次のようなことでしょうか。

① 確かに監督人Aは、令和×年×月×日付の後見人B宛の書面において、「今後被後見人Cが合理的な理由もなく妹Dその他の親族から贈与を受けることは差し

控えて下さい」

と述べ、家族間の贈与を合理的な理由がない場合に一律に控えるように求めています。

② すなわち、本件贈与について監督人Aは、令和×年×月×日付の書面において「負担する方が親族で、被後見人本人に資産が乏しい等の事情がある場合に、かつ、負担者が正常な判断能力の下で、喜んで贈与されるということであれば、問題ないかと思います」と述べていますが、「等」と記載されていることからすれば、監督人Aは贈与について合理的な理由がある場合を、本人Cに資力がなく扶養義務が生じる場合に限定しているわけではないので、

③ 監督人Aが本件贈与について合理的な理由がないと決めつけ許さないとまで述べたという事実を認められない。

審判官は、「等」の一字をもって、まるでマジックのように任意後見監督人Aが断定的に言ってしまったことを、あたかもなかったかのように解釈しています。次に問題の監督人Aの「等」と述べている箇所を掲げますが、この「等」に特別な意味合いを持たせて断定的に禁じているように思える事柄を、一八〇度回転させるだけの力があると読み取る読者はどれ

くらいおられるでしょうか？

監督人Ａの主張に関連する文書

(a) 贈与の授受についての忠告

後見人は、被後見人Ｃが合理的な理由なく親族から贈与を受けることにつき何ら問題ないとお考えのようですが、非常に遺憾です。何度もお伝えしております通り、今後、被後見人Ｃが合理的な理由なく妹Ｄその他の親族から贈与を受けることは差し控えてください。

ここでは一般的に、被後見人が合理的な理由なく妹だけではなく、その他の親族からも贈与を受けることを控えるよう高らかに宣言しています。

(b) 贈与の要件

そもそも、被後見人Ｃのサービス利用料を別の方に最終的に負担させることには慎重にご判断いただくことが必要と考えます。

もちろん、負担する方が親族で、被後見人本人に資産が乏しい等の事情がある場合に、かつ、負担者が正常な判断能力の下で、喜んで贈与されるということであれば、問題はないかと思います。

ただ、本件は、被後見人本人も十分な資産を有しており、ご年齢に照らしても、妹Dに支援していただく必要性は乏しいように思います。（傍点は筆者）

ここでは、監督人Aは、親族が被後見人に贈与しても問題がない場合（要件）を検討しています。

①「負担する方が親族で」

今回のケースでは妹です。

②「被後見人本人に資産が乏しい等の事情がある場合」

被後見人本人には資産が潤沢にありますから、この要件には該当せず、この要件からすると、この贈与には問題があるということになります。

③「等」

②の要件のうち「等」に該当するものがあれば、贈与が許されることになります。

④「負担者が正常な判断能力の下で、喜んで贈与される」

妹は認知症ではなく、かつ喜んで贈与をされています。

つまり、(a)で監督人Aは、被後見人が合理的な理由なくすべての親族から贈与を受けることは差し控えろと言い切ってしまったものを、(b)で監督人Aさえ明らかにしていない、親族から被後見人への贈与が許されるとする「等」という要件Xがあったものと、この審判官はわざわざ〝忖度〟しているということです。

さらに審判官は、

> 監督人Aは、デイサービス費用のうち、口座引落とし開始までの二カ月分のみを申立人D（妹）が負担するのは、後見人Bが本来行うべき振込手続を省略するためではないかと疑念を抱き、更なる「合理的な説明」を求めているのにすぎないのであるから、監督人Aが本件について合理的な理由がないと決めつけ許さないとまで述べたという事実は認められない。

として擁護しています。

これは、「監督人が、後見人が本来行うべき振込手続を省略するためではないかと疑念を抱き、更なる『合理的な説明』を求めている」という状況自体が、親族間贈与を有効にする新たな要件Xに該当するというように審判官は考えているようです。だから、「監督人Aが本件について合理的な理由がないと決めつけ許さないとまで述べたという事実は認められない」という結論を導き出していると思われます。しかしながらこれも監督人Aさえ主張していないことで、この審判官お得意の〝忖度〟にすぎません。

裁判の公平性はどこへ

そもそも監督人Aが挙げた贈与の要件にしても、一見もっともらしくは見えますが、では法律的な裏付けがあるかと言えば決してそうではなく、監督人Aの個人的な見解にすぎません。審判官は、その個人的な見解をもとにして、監督人Aが具体的に主張さえしていない「等」という要件を持ち出して、素直に日本語を解釈すれば〝屁理屈〟としかとらえられない理屈で、監督人Aを擁護しています。本来持たなければならない公平性といった裁判官としての最低の矜持さえかなぐり捨て、恥も外聞もなく、小学生並みの劣悪な理論構成をもって全力で同じ〝法曹〟である監督人をかばっているように思われます。〝法曹〟にたてつく市民は許せなかったのでしょう。申立人である妹Dは、「後見人Bによる影響を相当強く受けていると伺える」とこの審判官は判断しているようですから、とどのつまり〝法曹〟という国家権力に盾突く後見人Bに対する敵意のようなものさえ感じてしまいます。

ちなみにこの審判官は、この当時は判事補で、このあとはお決まり通りにお偉くなられた、これまた才媛でありました。

即時抗告はしてみたものの

却下に対しての不服申立としては、「即時抗告」というものが認められています。先に懲りて、今度は弁護士の代理人を立てて臨んだと言います。

しかしこれも結局は、

「本件上告を棄却する」

ということで退けられたものの、その判断の中に裁判所の本性が伺えて面白いと思います。

抗告人D（妹）は、抗告人が本人Cのデイサービスの費用を支払った経緯が抗告人Dの記憶に反せず、かつ、同支払いが抗告人Dの意思に基づくものであることが明らかなのであるから、本件書面は、抗告人Dが作成したものと認めるべきであると主張する。

しかし、上記の通り、抗告人D（妹）は、原審の家庭裁判所調査官に対し、本件書面を作成した覚えはない、家庭裁判所宛の文書など畏れ多くて出そうとも思わないなどと述べて、本件書面の作成を明確に否定したことからすると、本件書面の内容が抗告人Dの記憶や意向に沿ったものであったとしても、本件書面が抗告人Dの意思に基づいて作成されたものとまでは認められない。

したがって、抗告人D（妹）の上記主張は採用することができない。

抗告人Dは、後見人Bは本人Cの意思を常に尊重して、その心身の状態や生活の状況を配慮しているところ、本人Cの意思を尊重しない監督人Aからの指示によって、後見人Bが本人Cの意思を尊重しなくなることは本人Cの重大な不利益となるため、監督人Aを解任すべきである旨主張する。

しかし、監督人Aは、後見人Bが、本人Cの任意後見人であると同時に抗告人Dとの間でも財産管理契約[8]を締結している関係にあることなどから、後見人Bに対し、利益相反行為[9]に該当する行為等をすることのないよう注意しているのであって、本人Cや抗告人D（妹）の意思を無視するよう指示しているわけではない。

したがって、抗告人Dの上記主張は採用することができない。（傍点は筆者）

つまり、先に掲載した「上申書」の「作成を明確に否定したことからすると、本件書面の内容が抗告人D（妹）の記憶や意向に沿ったものであったとしても、本件書面が抗告人Dの意思に基づいて作成されたものとまでは認められない」としました。つまり、原審と同じく「上申書」はいわば、無きもの扱いなのです。だから、その中に記された、「妹が『私が自分で管理している他の通帳から出金して施設に預けていた』お金から支払った」という経緯も無視されて、その経緯からすると本来、利益相反などは生じないところ、

監督人Aは後見人が本人Cの任意後見人であると同時に抗告人D（妹）との間でも財産管理契約を締結している関係にあることなどから後見人Bに対し利益相反行為に該当する行為等をすることのないよう注意しているのであって、本人Cや抗告人Dの意思を無視するよう指示しているわけではない。

と導かれるわけです。

確かにその任意後見人Bは、兄Cの任意後見人であると同時に、妹Dの財産の一部も財産管理契約に基づいて管理していましたが、兄のためのデイサービス料金の支出は、妹自身が管理している通帳から支出した「妹が施設にすでに預けているお金から支払った」のであって、この支出については、何ら任意後見人Bは関与していません。しかし、それを記した「上申書」も「別紙」も、その存在自体が否定されてしまったのですから、ありもしない「利益相反」などといったことが持ち出されてしまったわけです。

結局、抗告審は、原審の判断を補強したにすぎず、妹Dが親愛なる兄Cに対してささやかな贈与を行うことにも、監督人Aの合理的判断を求めなければならないのかという素朴な疑問に対する回答は、一切なされませんでした。さらに妹Dだけではなく、ここには登場さえしない他の親族でさえ、監督人Aの「合理的判断」に服させるという立派な人権侵害とも言える行為に対する言及も全くありませんでした。ただただ監督人の弁護士Aを勝たせるがための「等」に見られるようなこじつけだけが目立つ、論理的に破綻した、弁護士と裁判官という法曹同士のかばい合いだけが露呈した内容になっていると思われます。

もし仮に、コロナの状況下ではなく、きちんと任意後見人Bが直接妹Dに面会して、妹が

「上申書」も「別紙」も、私が作成を依頼したものであると調査官の面前で証言していたとしたら、どうなっていたでしょうか？　私は、その場合でも何ら変わらず、世間の常識をくつがえすような驚くべき天才的屁理屈でもって、全力で自分たち〝法曹のプライド〟にかけて、審判官全員一致協力の下に、監督人の弁護士Aを勝たせたような気がしてなりません。

審判官は成年後見の世界から出て行くべし

庶民の情がわからない審判官

福祉的な感覚以前の一般市民の情愛のわからない審判官の例があります。

高額な資産を持って有料老人ホームに入所されている高齢の女性がいました。認知症にかかられてはいましたが、それほどひどい状態ではなく、後見人のことも友達のことも理解できました。彼女は亡くなったご主人が生きていた頃から毎朝、新聞を手に取るのが日課でした。読む、読まないは別にしても、新聞がそこにあることによって彼女の普段の暮らしが営まれていたのです。

ところが、担当の審判官は、認知症で高齢なのだから新聞は不要だと判断して、お金が無駄だから新聞を止めろと言ってきました。

ここからして、この審判官はすでに失格です。有料老人ホームはほとんど寝たきり状態であっても、生活の場です。長年行なってきた生活習慣で新聞は普通にあるべきアイテムです。新聞を購読するお金さえないのならまだしも、億に達する資産があります。にもかかわらず、この審判官は、新聞は不要だと断定したのです。

福祉関係者なら、そんな生活の質を落とすような判断は当然しませんし、また隣近所のおじちゃんおばちゃんでも、そんなひどいことは考えないでしょう。他人の生活に対する想像力を持てないのが、審判官という人たちなのかもしれません。

後見人が親でも監督人をつけたがる審判官

二〇二二（令和四）年九月二日付、講談社「現代ビジネス電子版」に長谷川学記者の書かれた興味深い記事があります。障害を持つ娘のために成年後見人になっていた母親の元にある日突然、後見制度支援信託[10]をつけるという連絡が来たといいます。続いて、弁護士を後見人につけたという連絡が、家庭裁判所から来たというケースです。

笑止なのは、もともとその娘の預金通帳に入っている一六〇〇万円は、両親が自分たちのお金を娘のためにと思って積み立てたもので、元を正せば親の金です。両親の愛情のこもった一六〇〇万円を後見人である母親が横領するのではないかと考えた〝馬鹿？〟な審判官が、後見制度支援信託などと言い出したのです。後見制度支援信託の利用を両親は拒みましたが、成年後見人の弁護士は、「国が決めたことだから」と応じず、その弁護士は財産管理権を盾に、娘のために必要と考える支出にも応じようとしなかったといいます。母親は心労のあまり、突然死してしまいました。

私も、これまでに十人近くの障がい者の後見人を務めてきましたが、自分たちが亡くなった後に備えて、後見人である私に託されたそのご両親の愛情には、頭の下がる思いがいつもしたものです。どのような頭の神経回路を駆使したら、その親たちが横領をするなどという邪推が出てくるのでしょうか。そういう普通の人間の情愛を理解できない審判官が、うようよいるというのが悲しい現実だと思われます。

次期改革では裁判所の権限を縮小せよ！

本来、後見業務は、被後見人という人間を扱うものです。そして、その被後見人には単身者であったとしても、友人や取り巻きといった、これまでに生きてきた上で縁のできた関係者がおり、また、そうでない場合にはなおさら家族や親族がいます。そういう人々を背景にした被後見人という〝人間〟を相手にする業務です。その中で被後見人が、これからの人生を、快適で穏やかにその人が望むような人生を過ごすためにはどうしたらいいかを、一緒に考えていく泥臭い業務です。一刀両断で、黒か白かといったことで片のつくものではありません。関係者からの事情聴取と相談と話し合いの上に成り立っているものです。

裁判所が、たった一人の審判官という時に、乏しい能力でお山の大将然として勝手に独断と偏見で決めて、それに無理やり従わせるという性質のものではありません。その担当審判官に〝知識〟だけではなく、人間を洞察する〝知恵〟があふれているというのならば、それも許されることでしょうが、私が今まで見てきた審判官の中から考えると、そんな存在は希少だと言っていいと思います。ただ人生のある時期において、親に金があるとか恵まれた環境が与えられて、たまたま遺伝学的に〝海馬〟が発達して生まれてきたために、勉強ができそれゆえ偏差値が高くて司法試験にも通った、ただそれだけの人にすぎません。モラルが高いとか人間的に優れていると言った人では決してありません。後見業務は、そういう人がしゃしゃり出る業務では絶対にありません。隣近所のおじちゃんおばちゃんの方がよっぽど世の中がわかっており、人生を理解していると思われます。

困ったことに、審判官はお山の大将ですから、家族に対してさえ資料は、原則開示しません。こういった人間相手の答えがあるようでないような業務だからこそ、本来は審判官の判断も含めて、プライバシーに抵触しないかぎりできるだけ開示され、また、不服申立も広くできてこそ当たり前なのに、雲の上から命令して従わせるだけなのです。〝国家権力〞をカサにして、頭の上から高圧的に押し付ける、考えればかなり能力の低い人でもできる仕事であるようにも思えてしまいます。

次期改革で一番必要なのは、この裁判所という機関が、後見制度から出て行ってくれることだと思いますが、そうもいかないのなら、せめて権限を極力縮小して、最初の選任の審判と、横領等の形式的な監督だけに限定してほしいものです。あとの業務は話し合いや市民からの相談、さらに不服申立をしっかり担保した行政機関に担わせるのがいいと思われます。

次期改革では、介護保険の更新のように後見人の交代を容易にするという案も出ていますが、それに伴う膨大な事務量をこなすだけの能力が、現在の予算[11)]や陣容からして、はたして裁判所にあるのでしょうか？　中途半端に無理をして行った結果、また市民の批判にさらされるなら、行政機関に肩代わりさせることを本格的に検討してもらいたいものです。

4章　成年後見のプレイヤー　公益社団法人

後見業務は司法書士にとって新たな飯のタネ

司法書士の本来的業務である不動産登記件数の減少が止まりません。法務省の登記統計によりますと、総数で一九九七（平成九）年には一、四七四万七八七九件あったものが、二〇二一（令和三）年には、七四九万五一二七件と半減しています。それに対して、司法書士登録者数は約一・四倍になっています。つまり、仕事のパイは減る一方で、同業者は増えるという状態です。

こういったことに備えて目先の利く司法書士が、今の成年後見制度が始った二〇〇〇（平成一二）年のちょうど一年前に設立したのが、この公益社団法人[12)]です。

司法書士で法定後見の仕事をしようとすれば、この法人に加入して、各地の家庭裁判所にある候補者名簿に登載してもらわないと仕事はもらえないものですから、後見の仕事をしている司法書士は、大方この団体に属しています。会員数は八四三八名(二〇二二年一月現在)で、すべての司法書士の約三七%が加入しています。

事例3 ナンバー2の犯罪

従来、この団体の構成員は、横領等の不祥事ばかり繰り返してきました。不祥事のデパート状態でした。ざっと見ただけでも犯行あるいは発覚時期と被害額を列挙すると**表6**のようになります。

実は、こういった不祥事の中でもとりわけ重要であるにもかかわらず、何ら刑事罰も科されていない不可解な案件があります。

懲戒処分書

主　文

平成二八年×月×日から業務の禁止に処する。

表6　公益社団法人会員による不祥事

犯行あるいは発覚時期	被害額等態様
平成16年	老人ホーム入所者の使用料も支払わない
平成18年	任意被後見人から1年半で500万円もの報酬
平成19年	任意被後見人の死亡後、相続財産を私的に流用
平成21年	県の司法書士会元会長が合計1億3700万円を横領
平成22年	金額不詳、横領、逮捕
平成26年	県の司法書士会副会長が定期預金を数百万円単位で次々と解約して競艇等に流用
平成26年	県の司法書士会副会長が1133万円、100万円、810万円、計約5000万円を横領
平成27年	キャッシュカードで計600万円を引き出し、競馬等に流用
平成27年	預金口座から6746万7824円を着服
平成28年	預金口座から104万円を着服

処分の事実および理由

第1　処分の事実

司法書士H（以下「被処分者」という）は、平成四年×月×日付けで××第×号をもって司法書士の登録をし、上記肩書地に事務所を設けて司法書士の業務に従事していた者であるが、

①　成年被後見人Ｉの成年後見の業務を行っていたところ、平成二四年×月×日から平成二七年×月×日までの間、業務上預かり保管中であった成年被後見人Ｉの普通預金口座から、合計金四七五万一一七二円の払戻しを受けて着服し、自己のために費消し、

②　成年被後見人Ｊの成年後見の業務を行っていたところ、平成二七年×月×日、業務上預かり保管中であった成年被後見人Ｊの普通預金口座から、現金一〇万円の払い戻しを受けて着服し、自己のために費消し、

③　成年被後見人Ｋの成年後見の業務を行っていたところ、平成二二年×月×日から平成二七年×月×日までの間、業務上預かり保管中であった成年被後見人Ｋの普通預金口座から、合計金一九〇二万九三〇円の払戻しを受けて着服し、自己のために費消したものである。

第2　処分の理由

以上の事実は、当局及び××司法書士会の調査等から明らかである。

被処分者Hの上記第1の①ないし③の行為は、業務上横領罪（刑法第二五三条）を構成するものであって、ひいては司法書士法第二条（職責）、同法第二三条（会則の遵守義務）、××司法書士会会則第九四条（品位の保持等）及び同第一一三条（会則等の遵守義務）の各規定に違反するものであり、常に品位を保持し、業務に関する法令及び実務に精通して、公正かつ誠実に業務を行うべき職責を有する司法書士としての自覚を欠き、司法書士及び成年後見制度の社会的信用を著しく損なう行為であることから、その責任は極めて重大である。

よって司法書士法第四七条第三項の規定により、主文の通り処分する。

平成二八年×月×日

××法務局長

副頭取が預金の使い込みをしたような話

この事案が決定的に重大なのは、Hが、この公益社団法人が法人の新制度発足前である従来の社団法人として設立された二〇〇〇（平成一二）年の時点における専務理事というナンバー2の立場にあった者だということです。つまり、創業時の重鎮なわけです。

この法人の機関紙（二〇〇二年二月号）においても、社団法人専務理事の肩書きでさまざまのことを述べた後で、指導的立場で次のように述べています。

課題への取り組み

社団法人も設立三年目を迎え、そろそろその真価を問われる年に入ってきた。しかし、まだまだ未解決の課題がいくつも山積している。執務管理の充実、法人後見への要請への対応とその管理といった法人の組織体制に関わる問題の他、医療行為の同意や身元保証、能力判定など、他の職能・機関との調整さらには立法的解決が求められるものもある。今後も避けることのできない問題についても、研究・提言をしていきたいと考えている。

今後も大きなご支援をお願いしたい。

さらに、またこの法人の平成一八年度事業報告によると、**表7**のように副理事長の立場で、講師さえ務めています。その講義内容が「後見人の倫理」ですから、ブラックユーモア極まれりといったところですね。

これらのことから、法人の中でも指導的で中心的な立場を占めていたことが窺えます。

表7　成年後見研修

　成年後見制度への国民の要望は増大しており、家庭裁判所からも多くの就任要請がきていることから、後見人の養成は急務である。後見人の職務を担う人材の育成及び資質の向上を目指して、当法人××支部との共催にて成年後見人養成セミナーを実施した。

① 成年後見人養成セミナー

＊ 成年後見人養成セミナー（前期）

［全4回：研修単位 ＝ 1科目につき1．5単位］

・参加者 ＝ 260名（本会会員191名，他会会員69名）

・受講料 ＝ 1科目につき1000円

［第1回］平成18年6月27日(火)午後5時30分～8時40分

於：××ホール

・講義内容　(1) 成年後見制度の現状と課題

(2) 要介護認定と介護サービス

・講 師 (1) 会員（××東京支部 支部長）

(2) 社会福祉士 ○○先生

［第2回］平成18年7月10日(月)午後5時30分～8時40分

於：××ホール

・講義内容　(1) 法定後見の実務Ⅰ（相談から申立まで）

(2) 法定後見の実務Ⅱ（審判確定から報告まで）

・講 師 (1) 会員（東京支部）

(2) 会員（東京支部）

［第3回］平成18年7月20日(木)午後5時30分～8時40分

於：××ホール

・講義内容　(1) **<u>後見人の倫理</u>**

(2) 任意代理・任意後見契約

・講 師 (1) **<u>H会員（法人本部 副理事長</u>**）

(2) 会員（××支部）

※　太字・下線は筆者

このように影響力のある有力な幹部であった者が、こともあろうに高齢者の財産を食い物にしたわけです。それも、法人の主たる事業である高齢者の財産管理の分野においてです。民間企業で言うならば、銀行の副頭取だった者が、預金者の高額の金銭をネコババしたような話です。さらに責められるべきは、高齢者の財産は、回復されない性質のものだからです。ちなみに、この法人は、ほんのささやかな金額を賠償する制度は当時からあったものの、損害額をすべて賠償する制度は持ち合わせていませんでした。

法人は社会的責任を果たしたと言えるのか

まさしく「万死に値する」悪行であると思われます。にもかかわらず、です。

お詫び

公益社団法人理事長○○○○

平成二六年以降、当法人の会員による複数の不祥事が連続して発生していることについて、誠に申し訳なく衷心よりお詫び申し上げます。

今般、当法人は、平成二一年六月まで当法人の前身である法人の副理事長であった会員が成年後見人として管理していた複数の成年後見制度利用者（成年被後見人）の財産から私的に金員を利用していた事実を警察署に告発いたしました。

会員の模範であるべき立場にあった者がこのような所業に及んだことは、慙愧の念に堪えません。成年後見制度の信頼を損ない国民の皆様の期待を裏切ったことにつき、重ねてお詫び申し上げます。

当法人は高齢者・障害者等の権利の擁護を目的として設立された成年後見制度を担う団体ですが、このように複数の不祥事が相次いで生じている現状を存立の危機と認識しております。現在、当法人では、全会員に対し適正な業務の遂行を求めるとともに、不祥事の再発防止策をさらに強化し、全力でその実施に取り組んでいるところであり、今般告発に至った元副理事長による金員の私的流用も、新たに策定した再発防止策の実施により発覚したものです。

当法人は高齢者・障害者等の権利の擁護のため、また、当法人の信頼回復に向けて、今後も引き続き法人を挙げて会員による不祥事の再発防止策の実行に全力を注ぎ、その完遂に取り組む所存です。

平成二八年三月二二日

このような一文をホームページ上に掲げただけで、私が調べたかぎりですが、公益社団法人としての社会的責任を感じるのなら当然開かれるべき記者会見も行われず、マスコミもさして取り上げることなく、ついに一般市民が広く知るところとはなりませんでした。

高齢者の財産を管理する成年後見人を一番多く輩出する団体の重要な幹部が、多額の横領事件を起こしたにもかかわらず、マスコミが騒がなかったのも不思議ですが、このHが刑事処分を受けた痕跡がないのも不思議でたまりません。

組織を守るためには仲間の首切りも辞さない

ついに専務理事や副理事長を務めた者さえ横領事件を起こしたため、この団体は公益社団法人として存続できるかどうかの危機感を抱いたようです。公益社団法人というのは、二〇〇八（平成二〇）年一二月に施行された公益法人制度改革関連三法により一般社団・財団法人、公益社団・財団法人が誕生しましたが、一般社団・財団法人のうち、民間有識者からなる第三者委員会による公益性の審査を経て、行政庁から公益認定を受けることで、公益社団・財団法人として税法上の優遇措置を受けることができる団体のことです。もし公益性が外されたら税制上の優遇がなくなって実質、法人の存続が難しくなるのです。

そこで、この法人が、会員の不祥事をなくすことを目指して導入したのが、「全件原本確認」でした。

次は二〇一六（平成二八）年三月号の業界の機関紙からの抜粋です。

「全件原本確認」の実施について
公益社団法人副理事長〇〇〇〇
平成二五年九月から翌年一月までの間に、当法人の会員がその管理する被後見人の財産を私的に流用する事件が立て続けに明らかになった。当法人は、当該不祥事を受けて、平成二六年三月、「会員の不祥事を受けての再発防止策について」（以下「再発防止策」という）を取りまとめて公表した。

再発防止策の柱は三つあり、第一は従前から取り組んでいる当法人への業務報告を徹底させること（具体的には業務報告締日から三カ月を超える報告遅滞をなくすこと）である。

第二は、家庭裁判所や当法人に対する報告の遅滞、関係者からの苦情申立等過去の横領事件において生じていた一定の事象の存在を当法人が認識したことを契機に、会員からその管理し

> ている被後見人名義の預貯金通帳及び定期預金証書等の金融資産を示す証書類（以下「預金通帳等」という）の原本を呈示させ、家庭裁判所へ提出した直近の財産目録の残高及び××システムに送信することにより当法人へ業務報告した各預金口座の残高と預金通帳等の原本の残高を照合する「危険因子顕在化の預金通帳等の原本確認」の実施である。
>
> そして第三が上記第二以外の会員に対して預金通帳等の原本確認を行う（結果的に全会員の受任全件について実施することになる）「全件原本確認」である。
>
> なお第二及び第三双方の預金通帳等の原本確認を会員が拒否する等後見事務遂行に何らかの懸念が生じている場合、その旨を家庭裁判所に情報を提供し、家庭裁判所による審問、調査人の選任、後見監督人の選任、後見人の追加選任等の立件・指示を促すとともに、その所属する司法書士会にも情報提供をすることになる。（傍点は筆者）

ところが、（結果的に全会員の受任全件について実施することになる）「全件原本確認」という個人情報のかたまりとも言うべき預貯金通帳の情報を、被後見人や家族の同意を得ずに法人本部に提出することについては、法人内部からも被後見人のプライバシーの侵害であるという反対意見が噴出しました。しごく正常な法律感覚・市民感覚だと思われます。なぜなら市民は、家庭裁判所に成年後見人選任等を依頼したら、不祥事を連発するいわく付きの「公益社団法人」のメンバーが選任されてきて、市民のあずかり知らぬところで市民の意向を無視して、その団体に自分の預貯金通帳をチェックされてしまうからです。

そもそも団体自らがメンバーを信じることができないからと言って、「全件原本確認」という市民に負担をかけるなど、本末転倒、言語道断の所業と言わざるを得ません。こんな愚かなことは、弁護士会はもとより、どの団体でも行っていないと思います。一般の社会では、こんな不良品を多く抱える団体は、市場から消え去ってゆくものですが、この閉鎖された〝成年後見市場〟では、家庭裁判所まで巻き込んで、延命をはかるのですから、開いた口がふさがりません。

「まともな品ぞろえをして、顔を洗って出直してこい！」

というようにならないのが本当に不思議です。

いたってまともな市民感覚で反対したメンバーに対して、法人幹部のとった対応がまた面白いと思います。全件原本確認に応じない会員を、報告義務違反として次々と除名していったのです。その数は三十人を優に超えていたと言います。反対する仲間の首を、なりふりかまわず切り落としていったのです。

ついに政治家をも動かす

さすがに仲間の首を切りながら「全件原本確認」に邁進することに不安を感じたのでしょうか、その不安を払拭するためにこの団体は、ついに今度は国会議員まで動かしてしまいました。もともとこの公益社団法人の親団体とも言うべき司法書士会は、政治連盟という組織を持っていて、政治家に強力につねに働きかけていました。

例えば、先ほどの「全件原本確認の実施について」という文書が出されたのと同じ二〇一六（平成二八）年の二月号「セイレン便り」という文書があります（表8）。ある地方都市にある司法書士会等と衆参両院国会議員等との交歓会の様子を報告した文書です。この中に記されている「四つの関連団体」の中に、この公益社団法人が含まれています。

この法人は、ナンバー2という要職にあった者さえ、横領という不祥事を働き、「公益社団法人」という金看板を守りとおすのが危うくなった結果、「全件原本確認」という同じく不祥事の散見された弁護士会さえ行っていない、いわば〝禁じ手〟を、多くの仲間の反対を押し切って行ったわけですが、さすがに心細くなったのか、政治家との日頃のおつきあいが功を奏するときがやってきました。

表8　セイレン便り

新年賀詞交歓会の開催

1月18日(月)午後6時からホテル日航○○において、○○司法書士会と○○司法書士政治連盟ほか**四つの関連団体**の共催による新年賀詞交歓会が開催された。

当連盟は、来賓のうち国会議員、自治体首長を担当した。当連盟にとって、新年賀詞交歓会は4月の定時大会とともに国会議員をお呼びする二大行事です。日頃政治と迂遠である司法書士会員が、身近に国会議員と交流できる貴重な機会です。このような有益な行事を2年前に発足された○○司法書士会執行部の皆様に、紙面を借りて御礼申し上げます。

各議員のご挨拶の中には、「**成年後見**」と「空き家問題」という言葉が目立ちました。「司法書士は成年後見業務のプロ」「空き家の問題を司法書士さんとともに解決していきたい」などの祝辞に、よく私たちの業務を勉強されているとの印象を持ちました。

ご出席の議員の方は、以下の通りです。

(出席された議員)(敬称略)

衆議院議員　佐藤章、中山泰秀、とかしきなおみ、佐藤ゆかり、長尾敬、大西宏幸(以上自民党)、佐藤茂樹、国重徹(以上公明党)

参議院議員　尾立源幸(民主党)

前衆議院議員　西野弘一(無所属)

自治体首長　野田義和東大阪市長、田中誠太八尾市長

(秘書が代理出席された議員)(敬称略)

衆議院議員　北川知克、大塚高司、原田憲治、神山昇(以上自民党)北側一雄、伊佐進一(以上公明党)、平野博文(民主党)

参議院議員　北川イッセイ、柳本卓治(以上自民党)、石川博崇、杉ひさたけ(公明党)

(太字・下線は筆者)

※　平成28年2月号　「セイレン」(政治連盟)は、司法書士制度の維持発展を支える団体。

次に掲載するのは、衆議院法務委員会の議事録です。天下の代議士が、この法人のためにいかに心配して骨を折っているのかがよくわかる、面白い内容となっています。

二〇一六（平成二八）年五月一八日、衆院法務委員会議事録より（抜粋）

○緒方委員　民進党、緒方林太郎でございます。

きょうは一五分時間をいただきまして、本当にありがとうございます。葉梨委員長にも、本当によろしくお願い申し上げます。そして岩城大臣とは予算委員会とか内閣委員会では何度も質疑させていただきましたが、法務委員会は初めてということでありまして、よろしくお願いを申し上げたいと思います。

きょうの私の質問は成年後見制度に関するものでありまして、私、内閣委員会の野党筆頭理事をやっていることから、今国会で議員立法で成年後見の法案が通りました、施行もされておりますが、この法律を通じて成年後見制度の利用促進が進んでいくことを心から願うわけであります。

まず、内閣府にお伺いをいたしたいと思います。

今回の議員立法で設けられることになっている閣僚会議、そしてそのもとに成年後見制度利用促進委員会というものができることになっております。この利用促進委員会の構成がどうなるのかというのは、今後の成年後見制度の活用にとってとても重要ではないかというふうに思っております。研究者のみならず、実務者等々を含めた幅広い方がこの成年後見制度利用促進委員会に入るべきだというふうに思いますが、内閣府。

○中島政府参考人　御指摘の成年後見制度の利用の促進に関する法律につきましては、先生の御尽力もございまして、本年（二〇一六）の四月八日に成立し、先週でございます五月一三日に施行ということで、同日付けで私ども内閣府に担当室を置かれたところでございます。

御指摘の通り、この法律に基づきまして、成年後見制度の利用促進を総合的かつ計画的に図っていくということで、基本計画をつくるということになっておりまして、促進会議、そして有識者等から成る促進委員会を置いて御議論いただくということです。

促進委員会の委員の具体的人選については、法律で、すぐれた見識を有する者のうちから総理大臣が任命するとなってございます。本日の委員からの御指摘も踏まえまして、具体的人選に早速入りたいと思っております。よろしくお願いいたします。

○緒方委員　よろしくお願い申し上げます。

議員立法をいろいろ検討する際に必ず上がってきたテーマとして、不正事案の話、どうしてもこれが上がらざるを得ない。横領であるとか、さまざまな不正事案の話が上がってきておりまして、これは、成年後見を担う司法書士の方々もよく認識しておられて、司法書士会と別法人で公益社団法人○○○という組織を設けて、そこで、成年後見をやっておられる司法書士の方々から業務の報告をしてもらうという制度を公益社団法人○○○で行っているということでして、これが一定のチェック機能を果たしているということであります。まさに、利活用を促進していくという側面がある一方で、横領とか不正事案を防いでいかないとやはり制度全体に対する信頼が高まらないということで、これは私、とてもいい取り組みだというふうに思います。

しかしながら、この公益社団法人○○○が若干苦慮しているところがあって、成年後見をやっているそれぞれの方々から業務の報告（「全件原本確認」のこと　筆者註）をしてもらう際に、ちょっと幾つか越えなきゃいけないハードルがあるのではないかということで、いつも指摘を受けているということがありました。きょうはそのことについて質問して行きたいと思います。

幾つかあるんですけれども、まず外務省にお伺いをいたしたいと思います。

この○○○が行っているような業務報告制度が障害者権利条約に反するのではないか、障害者権利条約で保障されているところのプライバシーとか、そういったところに反するところがあるのではないかという指摘があるそうでありますけれども、これは、条約との整合性について、外務省、いかがお考えでしょうか。

○水嶋政府参考人　お答え申し上げます。

委員ただいま御指摘の成年後見センター○○○○によります業務報告制度でございますが、障害者の意思決定あるいはプライバシーの尊重に関します障害者権利条約の関連規定に沿ってこの事業報告制度が適切に運用される限りにおいては、同条約の規定との関係で問題を生ずるものではないというふうに考えてございます。

○緒方委員　ありがとうございます。

次に、この報告制度が、障害者権利条約との関係では、きちっとやっている限りにおいては問題ないという話でありましたが、では、今度は業法との関係で大丈夫なのか。

司法書士法第二四条で個々の司法書士の方には保秘義務が課されているわけでありまして、それを同じ司法書士の方がやっている組織で、○○○○いう組織であるとはいえ、第三者に対してその情報を報告するということは司法書士法第二四条の守秘義務の規定に違反するのではないかという指摘があるそうでありますけれども、この法律との整合性の解釈について、法務省。

○小川（秀）政府参考人　お答えいたします。

今御指摘ございました司法書士法第二四条は、司法書士に対し、業務上取り扱った事件についての秘密保持義務を課しておりまして、この二四条に言います業務といいますのは、司法書士法三条に掲げられている本来的業務を言うと解するのが自然でありまして、成年後見業務のような司法書士以外の者も行うことのできる業務は、これに該当しないと考えられるところでございます。

したがいまして、司法書士が成年後見人としての業務上知ることのできた事柄については、司法書士法二四条が規定する秘密保持義務の対象にはならないというふうに考えられますので、その司法書士が、御指摘ありました○○○に成年被後見人の預金通帳の原本を提示するなどのことにつきましては、司法書士法に違反するものではないというふうに考えてございます。

○緒方委員　ありがとうございました。

それでは、質問を進めたいと思います。

この業務報告制度においては、通常は、平時においては、個人の名前をマスキングして、そしてそういう情報を○○○に提出してチェック機能を果たしているということでありました。

この個人名をマスキングして番号で把握するような形で業務報告をすることについて、個人情報保護法との関係がどうか。もともと個人情報保護法との関係全体をお伺いしたいわけですけれども、まずお伺いしたいのは、平時に行っている個人名をマスキングした上での業務報告について、これは個人情報保護法との整合性はいかがでしょうか。これは法務省ですか。

○小川（秀）政府参考人　お答えいたします。

私ども法務省の方で個人情報の保護に関する法律を所管する立場ではございませんので、あくまで一般論としてお答えさせていただきます。

個人情報の保護に関する法律はその二三条におきまして、個人情報取扱事業者は、一定の事由に該当する場合を除くほか、あらかじめ本人の同意を得ないで個人データを第三者に提供してはならないということを定めております。

もっとも二三条違反となるためには、司法書士が個人情報取扱事業者に該当することですとか、先ほどお話ありました○○○○に対して提供する情報が個人データに該当することなどが要件ということになります。このうち、個人情報取扱事業者に該当するためには、取り扱う特定の個人の数が五○○○人以上であることが必要でありますし、また、個人データに該当するためには、○○○○に提供する情報がデータベースシステムに体系的に整理されて記録されているものである必要がございます。

したがいまして、一般論として申し上げますと、除外事由に該当するかどうか、あるいはマスキングされているかどうかといったものとは、そういった検討をするまでもなく、成年後見人となっております司法書士が個人情報取扱事業者に該当したり、成年被後見人の預金通帳の写しまたその原本がデータベースに体系的に整理されて記録されているということは、実際上想定しにくいものというふうに考えております。

また私どもといたしましても、現時点において、司法書士による預金通帳の○○○○に対する提示行為が個人情報の保護に関する法律に違反する態様で行われているという事案は把握しておりません。

司法書士は、国民に最も身近な法律専門家として、成年後見制度の担い手として重要な役割を果たしているものと承知しておりますが、不祥事が生じると国民の信頼を失うことから、不正防止などを充実させていくことが重要でございます。○○○○は、成年後見人の指導監督を行うことを事業の一つとしていることから、その監督機能を発揮することが成年後見制度の円滑な運用に資するものと考えられるところでございます。

法務省といたしましても、司法書士制度を所管する立場として、その運用を引き続き注視してまいりたいというふうに考えております。

○ 緒方委員　ありがとうございました。

（傍点は筆者）

障害者権利条約にも司法書士法にも個人情報保護法にも抵触しない

全くすごいとしか言いようがありません。衆議院議員をして、

「この公益社団法人が若干苦慮してるところがあって」

と心配させた上で、この「全件原本確認」が障害者権利条約にも、司法書士法第二四条の守秘義務規定にも、個人情報保護法の適用上も問題にはならない、という答弁を引き出しているのです。この〝政治力〟に対しては、驚嘆以外の言葉はありません。

しかしながら、この議事録の代議士の質問に対する官僚の答弁をよくよく見てみると、障害者権利条約の質問に対する水嶋政府参考人の答弁では、

「障害者権利条約の関連規定に沿ってこの事業報告が適切に運用される限り」、「同条約の規定との関係で問題を生ずるものではない」

とされており、「適切に運用される」か否か次第で、「僕は知らないよ」という風に読めてし

まいます。

同じく個人情報の保護に関する法律についての小川（秀）政府参考人の答弁は、「預金通帳の法人に対する提示行為が個人情報の保護に関する法律に違反する態様で行われているという事案は把握しておりません」として、現状では違反事案を知らないけど、「先のことは知らないよ」と読めてしまいます。ともに「全件原本確認」と条約なり、法律との整合性を正面からしっかりと議論することなく、優秀な〝官僚答弁〟になっているようです。

それらに対して、法律の解釈としてしっかりと答弁がなされているのは、司法書士法第二四条との関係についてです。これについて、小川（秀）政府参考人は、

「司法書士法第三条に掲げられている本来業務」以外の「成年後見業務のような司法書士以外の者も行うことができる業務は」「司法書士法第二四条が規定する秘密保持義務の対象にはならない」

と言い切っています。

国会の場で、政府参考人から業法上の守秘義務はないと断言されてしまう成年後見業務の脆弱性が、くしくも露呈されてしまいました。

市民の皆様！

司法書士は成年後見業務で知ることとなった被後見人等やそのご家族のことを関係のない第三者にペラペラ、ヘラヘラしゃべりまくっても、司法書士法に引っかからないということがここではっきりしてしまいました！

政治の力を借りた結果、司法書士の地位をかえって弱体化させる結果になってしまったようにも思われます。

いずれにしましても、この団体は、国会議員といった〝偉い人〟には説明を尽くして味方に引き入れますが、一般市民に対しては、法定後見人にこの法人のメンバーがなった場合には、

「あなたやあなたの家族の預金通帳が見られてしまいますよ」

ということを大々的に知らしめているわけではありません。一般市民はそんなことは知らないでしょう。裁判所や国会といった、権力を持つ人々に対しては一生懸命になりますが、自分たちの重大な不祥事には、記者会見もしないで市民には十分に知らしめず、その苦肉の策である「全件原本確認」という〝微妙な方法〟も、市民にはちゃんと告知しないのです。

そういう公益社団法人です。

このプレイヤーたちに任せられるのか？

親族は冷たくあしらう

前述のＮＨＫ「クローズアップ現代～親のお金をどう守る認知症六〇〇万人の資産管理トラブル回避術」でも、この団体に属している後見人が七年間も挨拶にさえ来ず、被後見人は好きな温泉にも行けなくなり、孫の七五三の記念撮影さえ予算や場所を自由に決められなくなったと、その妻が訴えていた事案に対して、現在の専務理事は、守秘義務があるため個人情報は明かせないと逃げ道を作った上で、次のように答えています。

原則として「月に一回程度面談はしましょう」ということは周知してます。本人のためになるものであって生活に影響がないということであればそれに対して支出をしないということは基本的にないと。後見人のご本人とかに対する説明不足ということもあるのかもしれないとは思っています。

この被後見人の妻に、

「後見人はつけるべきではなかったな」

とまで言わせている案件に対しての回答です。

自分の団体に所属している司法書士が、家族や被後見人に迷惑をかけ、その妻にそこまで言わしめているのに、こういう冷淡で当たり障りのない言い方しかできないのか、と思ったのは私だけでしょうか。これでは、まるで国会の政府参考人の答弁のようです。自分より強い権力に対しては、政治家をも動かして必死になるのに、市民に対してはこのように冷たくあしらう。

それが、この法人であると思われます。

ちなみに、この法人の「守秘義務」の使い方が絶妙です。「全件原本確認」では守秘義務はないのに、市民からの真摯な問いかけには守秘義務はあるのです。

本当に〝愉快な人たち〟だと思われます。

ちなみに、この団体の定款には、「目的」として次のように書かれています。


高齢者障害者等が自らの意思に基づき安心して日常生活を送ることができるように支援し、もって高齢者、障害者等の権利の擁護および福祉の増進に寄与する。

〝名目〟はそういう、崇高な団体であるようです。

法曹関係者による癒着の構造

以上、現在の成年後見制度を利用した場合に市民が対応しなければならない主なプレイヤーを紹介してきました。

弁護士や司法書士の後見活動に不満があって裁判所に相談に行っても、たいがいは門前払いで、市民ではできそうにない「解任請求」という正規の手続きを経ないかぎり、裁判所は動いてくれません。解任請求を出したところで、たいがい裁判所は、弁護士や司法書士の側につきます。

もっとどうしようもないのが、裁判所の行うことに対して不満があっても、それを言いに行くところは裁判所でしかない、という悲惨な事実です。しかも、お山の大将である審判官は、もっとも取り合ってくれません。もともとこの三者は、法曹という裁判官・弁護士と準法曹ともいうべき司法書士が微妙に持ちつ持たれつの関係を作っています。特定の公益社団法人に加入しない司法書士は原則、後見人にも選任されず、申立手続きさえ所属している司法書士には優遇するなど、〝仲良し、こよし〟の〝癒着〟構造が見てとれるのです。

こんな連中に、市民が一人で立ち向かうのは至難の技です。市民は仮にどうしようもなくて後見制度を使うのでしたら、こういった強大な力を持つ連中と対峙しなければならない、ということを肝に銘じておかなければならないのです。

やはり、できれば使わないのが一番いいと思います。

5章　利用促進法の下で

申立件数が増えた本当の理由

認知症高齢者が六〇〇万人と言われている時代に、この制度の利用者が二六万人しかいないという現実に対して、司法書士団体等も中心となって「成年後見制度の利用の促進に関する法律」というのが既述の通り、二〇一六（平成二八）年に成立しました。この利用促進法に基づき政府をあげて全国に号令してなされた結果は、前述した通り次のごとくです。

「利用促進法が施行された以降の申立件数の推移は**表1**（四頁）の通りで、若干の総数の増加は見て取れます」

これを同じ資料（最高裁判所事務局家庭局「成年後見関係事件の概況」、二〇二二）から、申立人と本人との関係で見てゆくと**表9**のようになります。

表9　申立人と本人との関係

	本　人	配偶者	親	子	兄弟姉妹	その他親　族	市町村長
平成 26	3607件	2105件	1913件	10968件	4616件	4427件	5592件
平成 27	3917件	1940件	1894件	10445件	4749件	4667件	5993件
平成 28	4364件	1868件	1756件	10023件	4340件	4391件	6466件
平成 29	5048件	1876件	1856件	9641件	4357件	4459件	7037件
平成 30	5716件	1823件	1870件	8999件	4469件	4433件	7705件
平成 31(令和 1)	6614件	1723件	1777件	8084件	4355件	4112件	7837件
令和 2	7457件	1697件	1738件	7865件	4055件	4092件	8822件
令和 3	8198件	1774件	1895件	8236件	4443件	4371件	9185件
令和 4	8307件	1701件	1893件	8240件	4469件	4314件	9229件
変動率	**230%**	80.8%	98.95%	75.1%	96.8%	97.44%	**165.03%**

※平成 26 年を 100 とした時の令和 4 年の増減率（太字は筆者）

このデータから言えることは、本人申立の変動率が二三〇％、そして市町村長申立の変動率も一六五・〇三％となっており、この二つが突出していることです。反対に、配偶者、親、子、兄弟姉妹、その他親族からの申立は軒並み減少しています。つまり、親族はそっぽを向き、行政機関が一人頑張ってきたと言えるのです。

また、本人申立の増加は、従来からの私の経験でもよくあったことですが、市町村が介入していても、市町村長申立にかけるとなると、税金を使う関係上、なるべく本人申立の方に誘導する傾向が見られます。本人申立の場合、いろいろと時間と手間を要しますが、例えば、家族間トラブル等で散見される本人の意向に反する親族からの申し出ではないかと疑う必要もないため、申立添付書類も一部減るなど、本人が申立人となると、比較的スムーズに早く審判が下ることが多いようです。たとえ本人に資力が少なくても、法テラス[13)]を利用するなどすれば、本人にとっても経済的にも負担が少なくて済むため、行政も本人申立に持って行きやすいのです。そういった意味で、この本人申立も、市町村の介入の延長線上にあると考えられます。

確かに利用促進法の施行により、全体の申立総数に若干の増加が見られましたが、その実態は、市町村長申立の増加の結果であると言えます。何も市民が従来の態度を変えて、この制度を積極的に利用した結果ではないのです。

利用促進法で得をしたのは誰？

長年営んできた小料理屋が廃業に

地方行政が一人頑張った結果として、この数字を善意に解釈すると、多くの単身高齢者が救われたということかもしれません。単純にそうであってほしいと願うものの、早速、そうではないケースが現れています

前出のジャーナリストの長谷川学氏の記事を紹介しましょう。（講談社「現代ビジネス電子版」二〇二〇年一〇月二一日掲載）

東京の台東区で、女手一つで小料理屋を経営していた七九歳の女性が軽い認知症を発症したのをきっかけとして、地域包括支援センターが介入し、成年後見制度の相談窓口を通じて台東区長による市町村長申立がなされました。その結果、台東区内の司法書士が後見人に選任されました。本人は、物忘れはあるもののしっかりと会話もできるし、料理や買い物もできる状態でしたが、どういうわけか後見相当[14)]とされ、司法書士二人が成年後見人に就き

ました。そしてご本人は、台東区内の老人保健施設に入れられてしまいました。司法書士後見人がついてからは、常連客たちが心配して本人と連絡を取ろうとしても妨害され、長年営んできた小料理屋も閉められ、所有する自宅マンションまでも、後見人のいいように処分されてしまいました。本当にひどい話です。なお、選任されてきたこの司法書士は二人とも、台東区主催の市民向け成年後見セミナーの講師などを務め、台東区と太いパイプがあったといいます。

中核機関による「利用促進」の中味とは？

前述の「成年後見制度の利用の促進に関する法律」に基づいて、二〇一七（平成二九）年三月二四日に、「成年後見制度利用促進基本計画について」と題する文書が閣議決定されました。そして、その成年後見制度利用促進基本計画では、今後の政策の目標として、全国どの地域においても、必要な人が成年後見制度を利用できるよう各地域において権利擁護支援の地域連携ネットワークの構築を図るとされ、その具体的な内容として、権利擁護支援の地域連携ネットワークおよび中核機関の整備を図ることとされました。「中核機関」とは何かといえば、例えば、千葉県柏市のホームページによりますと、地域連携ネットワークの核となる機関とされ、各市町村に一カ所設置されるものです。そして、次の四つの取り組みが掲げられています。

①　広報啓発……制度普及のため、各地域での講座開催やパンフレットの作成・配布。
②　相談……身近な場所で相談できるように、地域包括支援センターと地域生活支援拠点を一次相談機関として整備。
③　利用促進……後見人申立の助言や弁護士、司法書士、社会福祉士等の専門職団体を紹介。
④　後見人支援……既存の後見人（親族・市民・専門職）の活動を支援。

そのうちの③の「利用促進」として、「後見人申立の助言や弁護士、司法書士、社会福祉士等の専門職団体を紹介」と明記されています。

最高裁通知の記事（三四頁）の中でもふれてありますように、「中核機関」は、後見制度の改革において重要な役割をになうと期待されているものです。あくまで一事例ですが、中核機関における「利用促進」の取り組みが、相変わらず法律職等の成年後見人の紹介に終始しているようでは、なんとも情けないないかぎりです。問題の多い既存の団体に頼るだけではない、行政独自の施策を打ち出す気概を持ってほしいと思います。

本人や家族の意向を無視した行政による誘導

このように利用促進法の下では、司法書士等は、先の記事に見られるように行政からお仕事がいただけるのかもしれません。行政主催の相談会やセミナーの講師をしていれば、おいしい見返りが待っているのかもしれません。

私自身も、区役所の職員と例の公益社団法人の社員司法書士が、嫌がる本人と家族を無視して遠くに住む疎遠な親族を、その司法書士が探し出した上で、その親族を申立人に仕立て上げ、本人を被後見人にしたという事例を知っています。探し出された親族から、その妻が後で聞いたところによりますと、

「夫婦が困っているから、ここに署名捺印してくれ」

と言われたので、よくわからないままその通りにしたということでした。

ご多分に漏れず、そこで後見人に就任した司法書士も、七年間一回も面会に来ず、親族から相談を受けた私が弁護士を紹介して、解任請求をちらつかせて辞任に追い込んだ経験があります。呆れた司法書士でした。行政と連携しているといえば言葉はいいですが、実は〝癒着〟

と言った方が相応しいケースだったように思います。

司法書士が行政から紹介された法定後見事件のご本人が、例えば、生活保護者で資力が乏しくても、成年後見制度利用支援事業[15)]というありがたい制度が待っています。すべてとは言わないまでも大きな市町村では、後見人の報酬の全部または一部までも税金でまかなってくれます。行政とつるんでいると極端な話、公益社団法人所属の司法書士等の専門職後見人は食いっぱぐれがないのかもしれません。

行政と専門職後見人との癒着

これは司法書士等の〝社会貢献〟なのでしょうか？　それならどうして先の「衆院法務委員会議事録」で小川（秀）政府参考人が述べていたように「成年後見業務のような司法書士以外の者も行うことのできる業務」であるにもかかわらず、「成年後見制度の利用の促進に関する法律」の下で、公益社団法人所属の司法書士を中心とする〝資格者後見人〟だけに実質上、

行政からの紹介　⇩　報酬が公費で支給される

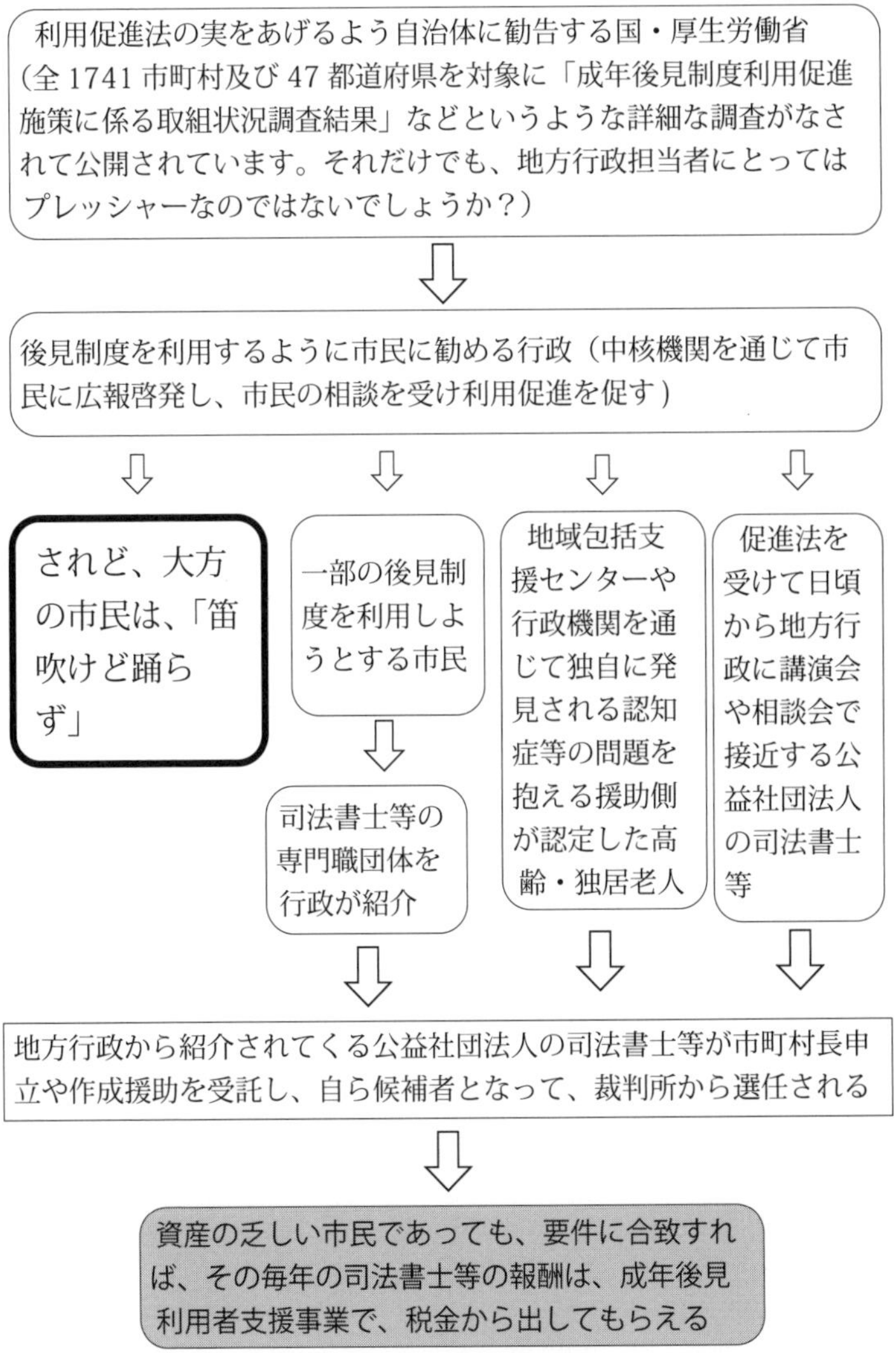
利用促進法の実をあげるよう自治体に勧告する国・厚生労働省（全1741市町村及び47都道府県を対象に「成年後見制度利用促進施策に係る取組状況調査結果」などというような詳細な調査がなされて公開されています。それだけでも、地方行政担当者にとってはプレッシャーなのではないでしょうか？）
後見制度を利用するように市民に勧める行政（中核機関を通じて市民に広報啓発し、市民の相談を受け利用促進を促す）
されど、大方の市民は、「笛吹けど踊らず」
一部の後見制度を利用しようとする市民
司法書士等の専門職団体を行政が紹介
地域包括支援センターや行政機関を通じて独自に発見される認知症等の問題を抱える援助側が認定した高齢・独居老人
促進法を受けて日頃から地方行政に講演会や相談会で接近する公益社団法人の司法書士等
地方行政から紹介されてくる公益社団法人の司法書士等が市町村長申立や作成援助を受託し、自ら候補者となって、裁判所から選任される
資産の乏しい市民であっても、要件に合致すれば、その毎年の司法書士等の報酬は、成年後見利用者支援事業で、税金から出してもらえる

図1　癒着の構造

という図式が成り立つのでしょうか？（図1）

私はこれを、〝癒着〟と言わずして何と表現するのか言葉を知りません。やっぱりこのままでは成年後見は〝恐ろしい制度〟です。

いつ行政と癒着した見ず知らずの司法書士がやってきて、彼らに忖度する（善意で）医師が「後見相当」[14]の診断書を書いて、それを鵜呑みにする——「成年後見事件の概況」（二〇二二）によっても、診断書の内容に加えて鑑定が実施されたものは全体の約四・九％（前年は五・五％）にすぎなかった——裁判所が、成年被後見人に仕立て上げた上、司法書士後見人が人々の目の届かない施設に放り込んで報酬だけを貪りとっていく。それが単身者であれば、さらにSOSを出す相手もいないわけです。市町村申立の対象者は、申立のできる四親等以内の親族がいないか関係が希薄である人々であることを考えると、本当に恐ろしい気がします。

これは、〝恐怖〟以外の何者でもないと思います。

後見人の交代緩和は一歩前進

先に述べたように成年後見制度利用促進基本計画が、二〇一七（平成二九）年三月に閣議決定され、それに基づいて「計画的に取り組みが推進」されてきたわけですが、それに続いて、二〇二二（令和四）年三月二五日には、その第二期基本計画が閣議決定されたのも前述の通りです。

厚生労働省社会・援護局地域福祉課成年後見制度利用促進室による「第二期成年後見制度利用促進基本計画の策定について」という文書によると、従来、「後見人等が本人の意思を尊重しない場合があったこと」を考慮して「成年後見制度の運用の改善」として、「家庭裁判所と地域の関係者の連携により、本人にとって適切な後見人の選任や状況に応じた後見人の交代を実現」

ということが謳われています。これは従来、よほどのことがないかぎり交代が認められなかったことから考えると、前進と言えましょう。

この「後見人の交代」については、マスコミも次のように好意的に伝えています。

例えば財産処分や相続など専門性が必要になった際には弁護士や司法書士になってもらい、手続きが一段落した後は福祉職や親族が引き継ぐことができれば、より多くのニーズに応えられるかもしれない。

（二〇二二年九月二〇日、河北新報）

見直しの重要なポイントになっているのが、後見人の交代緩和だ。必要な時だけ使えたり、柔軟に交代できたりする方向で検討している。実現すれば、例えば財産管理や契約は弁護士など専門職が担い、手続きが一段落した後は福祉職や親族などに引き継ぐというような運用もできるだろう。役割分担のメリットは大きい。

（二〇二二年九月四日、静岡新聞）

例えば財産の売却が必要な際は専門職の後見人にまかせ、終了後は後見人を親族に替えて日常生活の支援をしてもらうこともできる。必要なサービスを必要な期間受けられれば利用のハードルは下がるはずだ。

（二〇二二年八月一七日、秋田魁新報）

また、「第二期成年後見制度利用促進基本計画概要」によりますと、「成年後見制度の利用促進に当たっての基本的な考え方」として「本人の自己決定権を尊重し、意思決定支援・身上保護も重視した制度の運用とすること」と掲げられています。遅きに失した感があります。いまさら何を言ってるんだという感じです。本来、現行の成年後見制度の根幹を成す条文である民法八五八条からも当然に導き出されることです。言うなれば当たり前のことです。

成年後見人は、成年被後見人の生活、療養看護および財産の管理に関する事務を行うにあたっては、成年被後見人の意思を尊重し、かつ、その心身の状態および生活の状況に配慮しなければならない。

いかにこういったことが、ないがしろにされてきたかということの証左でしょう。

次回改革では真の意味での専門家を！

法律職後見人を務めている弁護士であろうと司法書士であろうと、その国家試験には、「成年被後見人の生活、療養看護および財産の管理に関する事務を行うにあたっては、成年被後見人の意思を尊重し、かつ、その心身の状態および生活の状況に配慮」

するために必要な、例えば高齢者や障害者を理解するための試験科目等は一切含まれていません。体や精神に障害を持つというのがどういうことであるのか、どういう特性を持つのか、また認知症とはどういうものであるのかを理解する科目など全くありません。

さらに「成年被後見人の意思を尊重しその心身の状態を把握する」ためには、成年被後見人等に面談して、場合によっては長時間にわたってそのお話を傾聴しなければなりません。そういった技術を育むために必要な科目もありません。あるのは憲法、民法、商法、民事訴訟法、刑事訴訟法、不動産登記法、商業登記法、などといった法律科目だけです。

さらに、例えば、司法書士の後見人養成団体である例の公益社団法人では、そういった科目の学習はあるにはありますが、単なる〝座学〟で、聞かせるだけの研修を行っているにすぎません。今は、少しはましになっているかもしれませんが、私がこの団体に所属していた頃は、講義を前にして、寝ていようとほかの作業をしていようと、ただただそこに座ってさえいれば単位を与えてくれる、情けない講義でした。今でも基本的には変わりはないと思われます。ただただ、人が話しているのを聞くだけの講義で、果たしてどれだけの人が理解しているのでしょうか。実際に必要だと思われる、障害者や高齢者に接する実習は全く含まれていません。あくまでも〝畳の上の水練〟です。成年後見人養成カリキュラムとしては、はなはだ心もとないもので、自己満足的なものであると思われます。それがいかに不十分なものかは、次の事例が表しています。

事例4　被後見人に暴力を振るう未熟な後見人

平成二八年九月五日付 注意勧告[16)]

〔勧告内容〕

成年被後見人に対して、暴力を振るわないこと。

〔事案の概要〕

本件は、被審査会員Lが成年後見人を務めていた成年被後見人とその妻に対する暴力や暴言があったことなどを理由として、公益社団法人から本司法書士会に通知がなされた事案である。

〔事実関係〕

①　本件後見は、本人が在宅で生活し、経済的に十分な収入が見込めず本人、本人の妻および本人の長女のいずれもが何らかの障害を有して同居しているほか、本人と妻の浪費

や、長女に対する経済的虐待などの事情がある事案であった。

② 被審査会員Lは、平成二五年四月頃、本人が借金をしてしまうことや長女の金銭を使っていることに腹を立て、本人の胸ぐらをつかみ、胸の辺りを叩いた。

③ 被審査会員Lは、平成二五年四月頃、本人が勝手にしたアルバイトの給料を相手方に返しに行った際、本人と相手方の言い分に食い違いがあることに腹を立て、本人の尻を蹴った。

④ 被審査会員Lは、平成二五年四月頃、妻に病院に行くよう勧めたにもかかわらず言うことを聞かなかったので、妻の肩を強く叩いた。

［被審査会員Lの主張および弁明］

① 本件後見は、自分が後見業務で初めて受託した事案である。

② 経験不足と言えばそれまでだが、身上監護の面について、どうしてあげたらいいのか正直わからなかった。

③ 家庭裁判所と公益社団法人への報告書には、問題点を記載して報告していた。公益社団法人は会員が抱える諸問題について、会員が悩み、方向性を失った場合に指導する立場だと認識している。しかし、年に一回の報告時に、毎回同じ問題を報告したが、何の

返答もなかった。この点について公益社団法人の事情聴取中に確認したところ、事件数が膨大すぎて見きれていないと言われた。問題が起きてから見返すための資料ですか、と確認したら沈黙された。

④　公益社団法人の諸先輩方には、詳細を伏せたまま相談したことはあるものの、誰も責任ある回答をしていただけなかった。

付け焼刃の〝座学〟だけで学んで障がい者をわかった気になっていた被審査会員Lは、無責任な公益社団法人の被害者でもあります。面白いのは、法人もその先輩諸氏も、誰も的確なアドバイスさえできなかったということです。知識だけで実地の経験のない者は、有害であるにすぎません。

法律職後見人は用が済んだら退場せよ！

〝座学〟だけの研修制度では不十分

ところで、こういった状況は、弁護士会にしても似たり寄ったりではないでしょうか？

実際に高齢者や障がい者に会いに行きじっくりと話を聴くような研修を受けているなどという話は、全く聞こえてこないからです。先に挙げた、

「今後被後見人が合理的な理由もなく妹その他の親族から贈与を受けることは差し控えて下さい」

と究極の宣言をした事例1の才媛（監督人A）も、

「私は弁護士会の研修を多数、受講しているんです！」

と興奮気味におっしゃっていたと言います。弁護士会の〝座学〟研修がよほど劣悪だったのか、究極、才媛に本当の理解力がなかったのかはわかりませんが、とにかく、いっぱい弁護士会の研修を受けていた、ということだったそうです。

筆者は、司法書士の資格とともに、社会福祉士と精神保健福祉士の資格を持っています。だからと言って、「公益社団法人」所属の後見人諸先生に比べて、特別に優れたスキルを持っているということではありませんが、これら福祉資格を取得するためには、高齢者や障がい者とじかに接しなければならない、実地研修が課されています。これをクリアしなければ、受験資格さえ得られません。筆者も五十歳を超えてから、悪戦苦闘したものです。

講義を聴いたり、本を読んだりすることは大切ですが、人間を相手にする以上、その人間

に実際に会ってみないと何も本当にはわからないというのが、司法書士資格だけでは後見人として、あまりに不完全で心もとなく感じた経験から、福祉資格を取得した筆者の実感です。講義で聴いたことも、本で読んだ内容も高齢者や障がい者の方々との交流を通さなければ本当のところはわからないと思われます。（公益社団法人の方々は、難しい概念の〝言葉〟はよくご存じではありますが！）

法律職後見人はワンポイントリリーフでいい

そういった法律職が親族を締め出して後見人にしゃしゃり出て、本人や家族や親族からそっぽを向かれた結果、令和二年には約六〇〇万人と推定される認知症高齢者に対して、その利用者数が二三万人にすぎないという、この大失敗の元凶の一つになったと思われます。

一度張り付いたらヒルのように離れず、報酬を貪り続けた法律職後見人が今度の改革では、ワンポイントリリーフになってくれることを、心から祈るものです。前述の新聞報道にあったようにトラブルが起こった場合は弁護士が、少額の債務整理や登記案件が発生した場合には司法書士が、ワンポイントリリーフとして登場し、それが終わればさっさと退場する。あとは福祉関係者等や家族が、本人のことを考えて、日常生活を支援していく、そういう制度になれば、この法定後見の制度もよみがえることでしょう。そこにしっかりとした〝実務研修〟に裏打ちされた、熱意ある人生経験豊かな市民後見人が参入してくれれば言うことはありません。仮にもこの司法書士の公益社団法人のメンバーが、被後見人の日常生活を組み立てるだけのスキルもなく、その教育も受けていないにもかかわらず、まだ居残っているならば、この制度に未来はありませんし、その場合の制度の維持は、司法書士等を食わせるためだけの税金の無駄遣いともなってしまいます。

ところで、前述の第二期成年後見制度利用促進基本計画の中で優先して取り組む事項として、「担い手の確保育成等の推進」というものがありますが、その項目の中には、「専門職団体による専門職後見人の確保育成」ということも記されています。これはいったいどういう意味でしょうか？　公益社団法人の司法書士にまだ、日常生活にまで首を突っ込ませるつもりなら、恐ろしいの一言に尽きます。

司法書士に客観的に能力担保されているのは、国家試験に合格した段階では「登記」等、簡裁代理権の認定試験を合格した段階では、それに加えて一四〇万円以内の簡裁訴訟代理権だけです。それ以上でもそれ以下でもないのです。

市民感覚からズレた家裁の審判官も関与すべきではない！

最後に、裁判所ですが、審判官も「成年被後見人の意思を尊重し、かつ、その心身の状態および生活の状況に配慮」できるだけの特別な訓練を受けてきたとは、とても思えない人が目立ちます。家庭裁判所は、刑事裁判所や民事裁判所と違う特別な知識や人間に対する洞察力が必要だと思われますが、審判官はコロコロと異動して地裁に行ったり高裁に行ったりします。ずっと専門的にいる人はほとんど見かけません。

前述の厚生労働省の第二期成年後見制度利用促進基本計画概要の中では「尊厳のある本人らしい生活を継続するための成年後見制度の運用改善等」の中で、「後見人等に関する苦情等への適切な対応」という一文が入っています。

しかしながら、苦情対応として一番市民に必要なのは、裁判所に対する苦情申立ではないでしょうか？　理不尽で人の心のわからない審判官が、訳のわからないことを言ったことに対して不服申立ができないことの方が問題なのです。お公家さん様に無表情な顔をして「当裁判所は……」などとのたまうだけで、市民感覚からするととんでもない判断に、市民はなんの抵抗もできずにただただ従うだけなのです。

そう、そもそも成年後見は、裁判所が管轄するところではなく、行政機関が管轄するのがふさわしい仕事だと思われます。このまま裁判所が居座るつもりならば、裁判所に対する不服申立方法をもっと充実させるか、あるいは民法の改正までするのであれば、成年後見制度に関する家庭裁判所の関与を著しく縮減することまで進まないと、市民の被害はおさまりません。また、実際問題として、予算も人材も乏しいのに、議論されている後見人の交替に関わる膨大な事務をまともに処理できるのかも疑問です。

最後はいち公益社団法人や資格者団体のご機嫌伺いではない、市民の側に立った善良な政治家の強力なリーダーシップのもとで、この制度は抜本的に変える以外に道はないと思うのですが、揚げ足取りばかりしている国会論戦を見ていると、悲観的になってしまいます。

6章　国連からNOを突き付けられた日本の後見制度

次に現行の成年後見制度の最大の欠陥と言われてきたものについて解説してゆきます。

国連障害者権利委員会から日本政府への勧告

日本政府への総括所見

二〇二二年九月九日、国連の障害者権利委員会が障害者権利条約に基づく日本政府への総括所見を発表しました。ある新聞の社説で、次のように報じています。

障害者の権利改善勧告を受け止めよ
国連の障害者権利委員会が、日本の障害者政策を初めて審査し、精神科医療や障害者教育などについて改善を勧告した。

審査は日本が二〇一四年に批准した、障害によるあらゆる差別を禁じた障害者権利条約に基づいて行われた。勧告に法的強制力はないが、政府は重く受け止め、改善に向けた方策を講じるべきだ。

権利委は日本の障害者政策が条約の趣旨に合致しているか否かを審査し、総括所見を公表した。

所見冒頭で懸念を指摘したのは日本の政策が、健常者が障害者に「やってあげる」というパターナリズム（父権主義）に偏っているという点だ。

障害者は平等に扱われる権利を持ち、社会はそれを保障する義務があるとの条約の趣旨に反する父権主義は共生の理念と矛盾し、収容や分離につながりかねない。

所見が紙幅を割いたのは精神科医療と障害者教育の問題点だ。

日本の精神科病床数は経済協力開発機構（ＯＥＣＤ）加盟国全体の四割弱を占め、平均入院日数も突出している。政府は二〇〇四年、入院医療から地域生活への転換に向けた改革を打ち出したが、成果は乏しい。主な原因は医療保護入院など強制入院の制度にある。

所見は強制入院を障害を理由とする差別と断定し、制度を認めるすべての法律の廃止を要請した。大胆な提案のようでもあるが、先進国ではすでに在宅医療が主流であることを想起すべきだろう。

患者が病院内での虐待や非人道的な扱いを外部に報告しやすい仕組みの創設や、加害者の刑事処分を見逃さないことも勧告した。

障害者教育についても、特別支援教育を分離教育と懸念し、中止に向けて障害のある子とない子が共に学べる「インクルーシブ（包摂）教育」に関する国の行動計画を採択するよう求めた。

政府は通常教育と特別支援教育の選択は本人と保護者の意思によるとするが、教育委員会が特別支援教育を強く勧めた例は多い。永岡桂子文部科学相も「特別支援教育を中止する考えはない」と述べた。勧告を一蹴していいのか。

権利委のヨナス・ラスカス副委員長は「分離教育は（大人になっても）分断された社会を生む」と指摘する。傾聴に値する言葉だ。障害者を締め出す社会は弱く、もろい。政府はいま一度、条約の趣旨に立ち返るべきである。

（二〇二二年一〇月一二、東京新聞ＷＥＢ版社説）

精神科病院の従来からのはなはだしい権利侵害事件（宇都宮病院事件、朝倉病院事件、神出病院事件、滝山病院事件等）[17]をちょっと考えるだけで、この勧告は至極もっともだと思われます。
　そしてこの記事には登場していませんが、この勧告の中には、日本の現行の成年後見制度に関するものも含まれていたのです。現行の成年後見制度に対する国連障害者権利委員会による日本政府への総括所見を掲げます。まずは英文（**表10**）、そして翻訳（**表11**）です。（国連ＨＰより）
　これは、前述のＮＨＫ「クローズアップ現代～親のお金をどう守る認知症六〇〇万人の資産管理トラブル回避術」でも大きく取り上げられていました。
　そもそも二〇〇六年に国連で採択され、わが国で二〇一三年に批准された障害者権利条約第一二条には次のように定められています。

障害者権利条約第一二条（第1項～第5項）

第一二条　法の前の平等

1　締約国は、障害者が全ての場所において法律の前に人として認められる権利を有することを再確認する。

表 10　日本政府への総括所見（第 12 条）

Equal recognition before the law (art. 12)

27.　The Committee is concerned about:

(a)　Legal provisions that deny the right of persons with disabilities to equal recognition before the law by allowing the restriction of their legal capacity, in particular, of persons with psychosocial or intellectual disabilities, based on assessments of their mental capacity, and by perpetuating substitute-decision making systems, under the Civil Code;

(b)　Basic Plan on the Promotion of the Use of the Adult Guardian System approved in March 2022;

(c)　Use of the term “the best interest of a person” within the Guidelines for Support for Decision-Making Relating to the Provision of Welfare Services for Persons with Disabilities of 2017.

28.　Recalling its General Comment No. 1 (2014) on equal recognition before the law, the Committee recommends that the State party:

(a)　Repeal all discriminatory legal provisions and policies with a view to abolishing substitute decision-making regimes, and amend the civil legislation to guarantee the right of all persons with disabilities to equal recognition before the law;

(b)　Establish supported decision-making mechanisms that respect autonomy, will and preferences of all persons with disabilities, regardless the level or mode of support they may require.

表 11　日本政府への総括所見（第 12 条訳）

法の下の平等（第 12 条）
27. 委員会は、以下を懸念している。 (a)　民法の下で、障害者の精神的能力の評価に基づいて、特に心理社会的障害または知的障害のある人の法的能力の制限を許し、代行意思決定システムを永続させることにより、障害者が法の前に平等に認められる権利を否定する法的規定。 (b)　2022 年 3 月に承認された成年後見制度の利用促進に関する基本計画。 (c)　2017 年の障害者福祉サービスの提供に関する意思決定支援に関するガイドラインにおける「人の最善の利益」という用語の使用。
28. 当委員会は、法の下の平等承認に関する一般的意見第 1 号 (2014 年) を想起し、締約国に対し、以下を行うよう勧告する。 (a)　代行の意思決定制度を廃止するために、すべての差別的な法的規定および政策を廃止し、すべての障害者が法の前に平等に認められる権利を保証するために民法を改正すること。 (b)　すべての障害者の自律性、意志および選好を尊重する、支援の水準または形態にかかわらず、支援された意思決定メカニズムを確立すること。

2　締約国は、障害者が生活のあらゆる側面において他の者との平等を基礎として法的能力を享有することを認める。

3　締約国は、障害者がその法的能力の行使に当たって必要とする支援を利用する機会を提供するための適当な措置をとる。

4　締約国は、法的能力の行使に関連する全ての措置において、濫用を防止するための適当かつ効果的な保障を国際人権法に従って定めることを確保する。当該保障は、法的能力の行使に関連する措置が、障害者の権利、意思及び選好を尊重すること、利益相反を生じさせず、及び不当な影響を及ぼさないこと、障害者の状況に応じ、かつ、適合すること、可能な限り短い期間に適用されること並びに権限のある、独立の、かつ、公平な当局又は司法機関による定期的な審査の対象となることを確保するものとする。当該保障は、当該措置が障害者の権利及び利益に及ぼす影響の程度に応じたものとする。

5　締約国は、この条の規定に従うことを条件として、障害者が財産を所有し、又は相続し、自己の会計を管理し、及び銀行貸付け、抵当その他の形態の金融上の信用を利用する均等な機会を有することについての平等の権利を確保するための全ての適当かつ効果的な措置をとるものとし、障害者がその財産を恣意的に奪われないことを確保する。

これは簡単に言うことを許していただければ、障害のあるすべての人が、他の人と平等で完全な法的地位を有し、その権利行使を制限してはならない、ということだと思われます。この条約は「私たちのことを私たち抜きで決めないで」(Nothing about us without us) という合言葉から始まったことで象徴されるように、障害を理由にして法律上定められた権利を持たないとされたり、障害を理由にして法律に定められた権利の行使を制限されることなく、障害があっても障害者の意思の下で他の人と同じように当たり前に生活する権利を持つということでしょう。

そこで障害者権利条約を批准した国は障害者権利条約の効力が生じた二年以内に、「政府報告」を障害者権利委員会に提出し、書面による質疑応答が行われたのちに、権利委員会と政府による対面審査を経て、権利委員会が政府に勧告を出すという流れの中で、今回、勧告(総括所見)がなされたのです。

初回の日本政府報告に関する質問事項

先程、記した勧告の内容をよりわかりやすくするために、権利委員会がどの点を問題としているかを理解する上でも、勧告(総括所見)に先立つ、二〇一九年一〇月日本政府に提出した「初回の日本政府報告に関する質問事項」という文書を紹介します。

11 以下のために講じた措置についての情報を提供願いたい。

(a) 障害者が法律の前にひとしく認められる権利を制限するいかなる法律も撤廃すること。また，民法の改正によるものを含め法的枠組み及び実践を本条約に沿ったものとすること。事実上の後見制度を廃止すること。また，代行意思決定を支援付き意思決定に変えること。

(b) 法的能力の行使に当たって障害者が必要とする支援を障害者に提供すること。

(c) 全ての障害者が法律の前にひとしく認められる権利及び意思決定のための支援を受ける権利について意識の向上を図ること。特に，障害者とその家族，司法の専門家，政策立案者及び障害者のためにあるいは障害者と共に行動するサービス提供者を対象とするもの。

以上の「初回の日本政府報告に関する質問事項」を踏まえた上で、現行の成年後見制度に対する、国連障害者権利委員会による日本政府への勧告（総括所見）をまとめると、主として次のようになると思います。

① 精神または知的に障がいのある人の法的能力の制限を許している民法は改正すべきである。
② 現行制度に基づいて令和四年三月二五日に定められた「第二期成年後見制度利用促進基本計画」も憂慮すべきものである。
③ 「人の最善の利益」(the best interest of a person) という用語は安易に使うべきではない。
④ 「代行」で行う意思決定制度は廃止すべきである。それに替えてすべての障がい者の意志および選好を尊重する、支援の意思決定制度を作るべきである。
⑤ 障がい者の権利および意思決定支援についての関係者(司法専門家を含む)の意識の向上を図る必要がある。

「人の最善の利益」という用語の使用に対する懸念

③の「人の最善の利益」という用語は、国連の勧告(総括所見)**(表10)**においては、

(c) 二〇一七年の障害者福祉サービスの提供に関する意思決定支援に関するガイドラインにおけ

る「人の最善の利益」という用語の使用（に対する懸念）。

とありますが、これに関連する文書を探しますと、平成二九（二〇一七）年三月三一日に厚生労働省社会・援護局障害保健福祉部長が全国の都道府県知事、指定都市市長、中核都市市長宛に出した「障害福祉サービス等の提供に係る意思決定支援ガイドライン」という文書に突き当たります。その文書（五頁の４）に「最善の利益の判断」という用語が見られます。国連の勧告（総括所見）が指摘している「人の最善の利益」とは、このことを指しているものと思われます。そこには、

本人の意思を推定することがどうしても困難な場合は、関係者が協議し、本人にとっての最善の利益を判断せざるを得ない場合がある。最善の利益の判断は最後の手段であり……

とあり、留意点として、次のような説明がなされています。

① メリット・デメリットの検討

② 相反する選択肢の両立
③ 自由の制限の最小化

ところで、この箇所の表現はこれから述べます厚生労働省が編纂した「意思決定支援を踏まえた後見事務のガイドライン」（一九頁）の「⑶本人にとっての最善の利益を検討する際の協議事項」にもほぼそのまま見られるものであり、この「後見事務のガイドライン」における「本人にとっての最善の利益」も結局、「障害福祉サービス等の提供に係る意思決定支援ガイドライン」での「最善の利益の判断」と同じく、その使用については勧告（総括所見）で懸念される対象になってしまっているということです。

辻褄合わせのための官僚の作文であることはお見通し

なお、勧告（総括所見）では、「人の最善の利益」という用語を使用すること自体に懸念していているとされ、それはその定義が不明確で誤って使われる可能性があることを懸念しているると一般に解釈されているようですが、それだけでは、必ずしも意味が明確ではありません。後で紹介します「意思決定支援を踏まえた後見事務のガイドライン」を見ていただければおわかりになると思いますが、ここに登場する関係者、特に後見人は常に本人と意思疎通をはかって信頼を得、親族や医療・福祉関係者等とも良好な関係を築いておかなければなりませんが、その周囲の人々が本人の意思決定に反するような場合は、後見人が「環境の改善」、つまり本人の支援体制まで再構築する、といったことさえ想定されています。

さらに、本人の意思の推定さえ困難な場合には、「本人にとっての最善の利益を検討し」、代行決定を行うのは後見人だということです。もちろん後見人ひとりで決定するわけではなく、支援者がチームを組んで行うとされていますが、ここに出てくる人々は、特に後見人を含めて、「かなり優れた能力と人間性」を兼ね備えた人でなければならないように思われます。この「ガイドライン」は、確かに〝作文〟としては立派な出来具合ですが、どこの世界にこんなご立派な方々が存在するというのでしょうか？

こういう絵空事のような登場人物を前提にしたこの「ガイドライン」の実行可能性には、大いに疑問符のつくところだと思います。これは、勧告（総括所見）で障害者権利委員会がもともと指摘した文書である「障害福祉サービス等の提供に係る意思決定支援ガイドライン」においても言えることで、〝作文〟としては✿（花マル）をもらえても、実効性に欠ける内容だと見抜いた国連の権利委員会が、「口先に騙されないぞ！」という思いを込めて、「人の最善の利益」という用語の使用に対して懸念を表したのではないかと思います。国連の権利委員会に対する〝言い訳〟は、各国の行政当局の〝作文〟には慣れている国連の担当者には、お見通しだったということではないでしょうか。

「ガイドライン」によって本人の意思を尊重するという体裁を作りながら、その実、「『ガイドライン』通り、とにかく『手順』は進めたから、本人の真意はわからなくても、『本人にとっての最善の利益』はこれだと思うからよし、代行決定だ！」と、従来と何ら変わらない代理行為を行う後見人が暗躍するだけのような気がします。

その時に出てくるのが、

「今後、被後見人Cが合理的な理由なく妹Dその他の親族から贈与を受けることは差し控えてください」

という監督人Aのような弁護士であったり、NHK「クローズアップ現代」で被後見人が好きだった温泉にも行かせず、孫の七五三の記念撮影の予算や場所さえ自由に決めさせなくした公益社団法人所属の司法書士であったり、女手一つで長年営んできた小料理店を閉めさせたうえに自宅マンションまでいいように売り払った司法書士であったりするわけです。

ガイドラインには、「後見人等を含めた本人に関わる各支援者が、本人の意思決定支援を尊重する基本的姿勢を身につけておく」ために、「本ガイドラインないし他の意思決定支援ガイドラインをあらかじめ読み合せておく、又は研修等に参加するなど」（一四二頁）が重要だと書かれています。

そうです！　またもや「研修」です。

座ったままで実習の伴わない「研修」は公益社団法人の得意芸ですし、監督人Ａが胸を反らしながら、「私は弁護士会の研修をいくつも受けてきたのよ！」と自慢していたという、あの「研修」です。はたして「研修」がどこまで有効なのか、やはり実効性に問題のある役人の作文だということを、権利委員会の人々は見抜いていたのではないでしょうか？

国連勧告はダメ出しのオンパレード

ご覧いただければおわかりのように、この勧告（総括所見）は、日本政府に対してかなり厳しい内容になっています。例えば、

① 何科を専門にするかも問わない〝医師〟の診断書一つで、補助・保佐・後見という法的制限の態様を決めて「法の前に平等に認められる権利を保証しない民法」はまずダメ。
② 公益社団法人等が鳴り物入りで作った「成年後見制度利用促進法」に基づく「第二期成年後見制度利用促進基本計画」もダメ。
③ 被後見人の意思を無視して代わりに赤の他人の司法書士等が勝手に（裁判所の許可審判という形式は踏むものの）不動産処分等の意思決定をしてきた「代行」もダメ。さらに前述のように「代行」の前提として「本人にとっての最善の利益」を安易に使ってもダメなものはダメ。
④ 障がい者の権利および意思決定支援について司法専門家を含む関係者の意識レベルは低すぎてダメ。

という、まさにダメ出しばかりです。

国連非難への弁明としての意思決定支援ガイドライン

ワーキング・グループのメンバー構成が示すガイドラインの正体

前述の通り国連障害者権利委員会による日本政府への勧告（総括所見）が二〇二二年九月になされる以前から、障害者権利条約第一二条から直接に現行の成年後見制度の「代行による意思決定」が障害者の権利を侵害している、という議論がなされてきました。そこでこれもすでに述べた「成年後見制度の利用の促進に関する法律」に基づき作成された「成年後見制度利用促進基本計画」（平成二九年三月二四日，閣議決定）において、意思決定支援の在り方についての指針の策定に向けた検討がなされ、「意思決定支援を踏まえた後見事務のガイドライン」が二〇二〇（令和二）年一〇月三〇日付で作成されることになります。その間の経緯については、以下の裁判所のＨＰに、次のような説明がなされています。

「意思決定支援を踏まえた後見事務のガイドライン」について（意思決定支援ワーキング・グループ）

成年後見制度利用促進基本計画（平成二九年三月二四日、閣議決定）においては、後見人が本人の特性に応じた適切な配慮を行うことができるよう、意思決定支援の在り方についての指針の策定に向けた検討を行うこととされています。利用者がメリットを実感できるような制度・運用となるには、意思決定支援の考え方に沿った後見事務が行われる必要がありますが、成年後見制度利用促進専門家会議においても、そのためには、後見人による意思決定支援の在り方について、具体的で実践可能な指針が策定される必要があるという認識が共有されました。

これを受けて、最高裁判所、厚生労働省および専門職団体（日本弁護士連合会、公益社団法人〇〇〇〇および公益社団法人日本社会福祉士会）をメンバーとする、ワーキング・グループが立ち上げられ、令和元年五月以降、このワーキング・グループにおいて、指針の策定に向けた検討を進めてきました。ワーキング・グループでは、本人の視点を踏まえた指針の策定を目指し、利用者の立場を代表する団体からのヒアリング等を行い、最終的なとりまとめに向けた検討を進めてきましたが、今般上記指針「意思決定支援を踏まえた後見事務のガイドライン」が完成しましたので、これを公表します。

今後、このガイドラインが、専門職後見人、親族後見人、市民後見人等のいずれにとっても、本人の意思決定支援を踏まえた後見事務を行う上で参考にされ、活用されることが期待されるところです。

なお、上記専門家会議において令和二年三月一七日にとりまとめられた中間検証報告書においても、利用者がメリットを実感できる制度・運用に改善するため、意思決定支援ガイドラインについて、全国的に普及・啓発していくべきとされています。（傍点は筆者）

つまり、二〇二〇（令和二）年に作成されたこの「意思決定支援ガイドライン」が、現行の成年後見制度が障害者権利条約 第一二条に抵触していると非難されていた状態に対する、一定の対応策を示すと同時に、先に述べた二〇一九年一〇月に日本政府に提出された「初回の日本政府報告に関する質問事項」からも推察される日本政府にとっては相当厳しい内容になるであろう国連の勧告（総括所見）も見据えたものだと考えられます。つまり、「『代行的意思決定』から『支援付き意思決定』への具体的な方策をすでに整えている」という、〝言い訳〟のために、急いでつくったもののように思われてなりません。

具体的な内容は次に紹介しますが、これを策定したワーキング・グループのメンバーが、私がずっとお話してきました、ご本人の意思を尊重する能力も熱意もない、後見制度にさんざん害をなしてきた張本人である、最高裁判所、日本弁護士連合会、公益社団法人なのですから、本当に笑ってしまいます。

厚生労働省も、障害者権利条約 第一二条の〝こころ〟をくみ取って、厳しい内容が予想された国連による勧告（総括所見）に真摯に向き合うつもりだったのなら、さんざんしくじりを重ねて市民にそっぽを向かれ続けてきた〝既得権益者〟たちをわざわざ集めて、形式だけを急いで整えたような、恥ずかしい「意思決定支援ガイドライン」は発表しなかったでしょう。

前述したようにこの「意思決定支援ガイドライン」には国連の勧告（総括所見）の中で「人の最善の利益」という点で、すでにダメ出しが行われています。

意思決定支援ガイドラインの基本的な考え方

それでは以下、このガイドラインについて見てゆきたいと思います。

まずは、大きな流れをご紹介します。そのあとで主な個所を抜粋してゆきます。

まず、**図2**にフローチャート、すなわち、このガイドラインの基本的な考え方を示します。

○　本人にとって重大な影響を与えるような（契約、施設入所、贈与等）を行う場合には、意思決定支援がなされます。

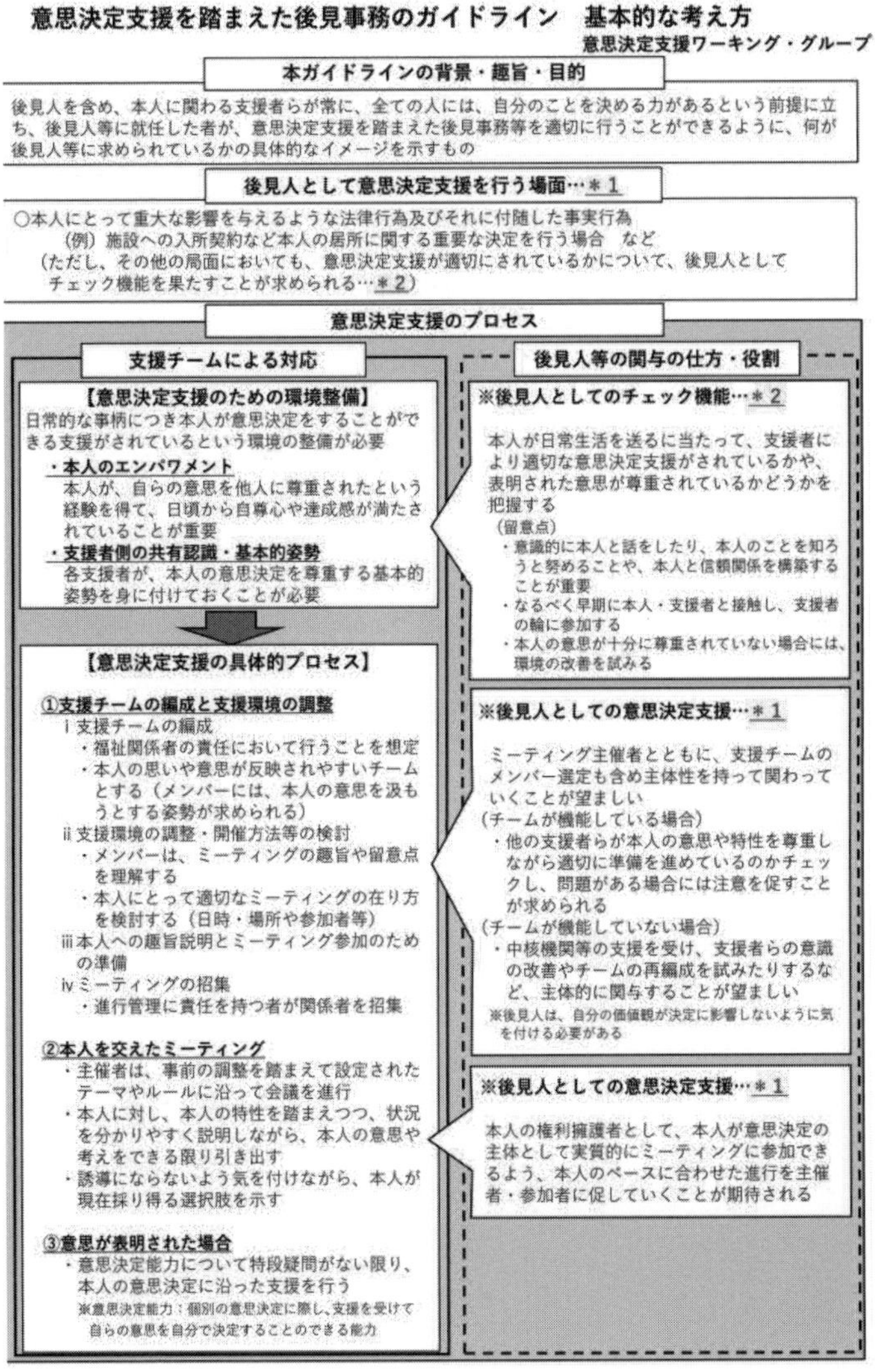
意思決定支援を踏まえた後見事務のガイドライン　基本的な考え方
意思決定支援ワーキング・グループ
本ガイドラインの背景・趣旨・目的
後見人を含め、本人に関わる支援者らが常に、全ての人には、自分のことを決める力があるという前提に立ち、後見人等に就任した者が、意思決定支援を踏まえた後見事務等を適切に行うことができるように、何が後見人等に求められているかの具体的なイメージを示すもの
後見人として意思決定支援を行う場面…＊１
○本人にとって重大な影響を与えるような法律行為及びそれに付随した事実行為
（例）施設への入所契約など本人の居所に関する重要な決定を行う場合　など
（ただし、その他の局面においても、意思決定支援が適切にされているかについて、後見人としてチェック機能を果たすことが求められる…＊２）
意思決定支援のプロセス
支援チームによる対応
【意思決定支援のための環境整備】
日常的な事柄につき本人が意思決定をすることができる支援がされているという環境の整備が必要
・本人のエンパワメント
本人が、自らの意思を他人に尊重されたという経験を得て、日頃から自尊心や達成感が満たされていることが重要
・支援者側の共有認識・基本的姿勢
各支援者が、本人の意思決定を尊重する基本的姿勢を身に付けておくことが必要
【意思決定支援の具体的プロセス】
①支援チームの編成と支援環境の調整
ⅰ支援チームの編成
・福祉関係者の責任において行うことを想定
・本人の思いや意思が反映されやすいチームとする（メンバーには、本人の意思を汲もうとする姿勢が求められる）
ⅱ支援環境の調整・開催方法等の検討
・メンバーは、ミーティングの趣旨や留意点を理解する
・本人にとって適切なミーティングの在り方を検討する（日時・場所や参加者等）
ⅲ本人への趣旨説明とミーティング参加のための準備
ⅳミーティングの招集
・進行管理に責任を持つ者が関係者を招集
②本人を交えたミーティング
・主催者は、事前の調整を踏まえて設定されたテーマやルールに沿って会議を進行
・本人に対し、本人の特性を踏まえつつ、状況を分かりやすく説明しながら、本人の意思や考えをできる限り引き出す
・誘導にならないよう気を付けながら、本人が現在採り得る選択肢を示す
③意思が表明された場合
・意思決定能力について特段疑問がない限り、本人の意思決定に沿った支援を行う
※意思決定能力：個別の意思決定に際し、支援を受けて自らの意思を自分で決定することのできる能力
後見人等の関与の仕方・役割
※後見人としてのチェック機能…＊２
本人が日常生活を送るに当たって、支援者により適切な意思決定支援がされているかや、表明された意思が尊重されているかどうかを把握する
（留意点）
・意識的に本人と話をしたり、本人のことを知ろうと努めることや、本人と信頼関係を構築することが重要
・なるべく早期に本人・支援者と接触し、支援者の輪に参加する
・本人の意思が十分に尊重されていない場合には、環境の改善を試みる
※後見人としての意思決定支援…＊１
ミーティング主催者とともに、支援チームのメンバー選定も含め主体性を持って関わっていくことが望ましい
（チームが機能している場合）
・他の支援者らが本人の意思や特性を尊重しながら適切に準備を進めているのかチェックし、問題がある場合には注意を促すことが求められる
（チームが機能していない場合）
・中核機関等の支援を受け、支援者らの意識の改善やチームの再編成を試みたりするなど、主体的に関与することが望ましい
※後見人は、自分の価値観が決定に影響しないように気を付ける必要がある
※後見人としての意思決定支援…＊１
本人の権利擁護者として、本人が意思決定の主体として実質的にミーティングに参加できるよう、本人のペースに合わせた進行を主催者・参加者に促していくことが期待される

図２　フローチャート

A　意思決定支援のプロセス

①　チームを作る

②　支援のための環境を整える

③　これから行うミーティングの趣旨を本人に説明

④　本人を交えて意思決定支援のためのミーティングを実施

B　意思決定支援のプロセスを経ても

①　本人の意思の確認が困難

②　決定を先延ばしできない

③　本人がその時点でその課題について意思決定をすることが困難

④　本人の意思の推定さえ困難

⇩「本人にとっての最善の利益」を検討し、後見人が代行決定を行う。

ここに国連の勧告（総括所見）で懸念を表明された「人の最善の利益」という用語が出てきます。

では、主なところを抜粋しましょう。

意思決定支援を踏まえた後見事務のガイドライン（抜粋）

○本ガイドラインにおける意思決定支援および代行決定のプロセスの原則

(1)　意思決定支援の基本原則

第１　すべての人は意思決定能力があることが推定される。

第２　本人が自ら意思決定できるよう、実行可能なあらゆる支援を尽くさなければ、代行決定に移ってはならない。

第３　一見すると不合理にみえる意思決定でも、それだけで本人に意思決定能力がないと判断してはならない。

(2)　代行決定への移行場面・代行決定の基本原則

第４　意思決定支援が尽くされても、どうしても本人の意思決定や意思確認が困難な場合には、代行決定に移行するが、その場合であっても、後見人等は、まずは、明確な根拠に基づき合理的に推定される本人の意思（推定意思）に基づき行動することを基本とする。

第5　①本人の意思推定すら困難な場合、又は②本人により表明された意思等が本人にとって見過ごすことのできない重大な影響を生ずる場合には、後見人等は本人の信条・価値観・選好を最大限尊重した、本人にとっての最善の利益に基づく方針を採らなければならない。

第6　本人にとっての最善の利益に基づく代行決定は、法的保護の観点からこれ以上意思決定を先延ばしにできず、かつ、他に採ることのできる手段がない場合にかぎり、必要最小限度の範囲で行われなければならない。

第7　一度代行決定が行われた場合であっても、次の意思決定の場面では、第一原則に戻り、意思決定能力の推定から始めなければならない。

意思決定支援が中心であり、代行決定はやむを得ない場合に必要最小限で行われなければならないとされています。理想としては、至極もっともな内容だと思われます。

○意思決定支援における後見人等の役割

1　意思決定支援のための環境整備（事前準備）

(1)　環境整備の必要性・目的

後見人等が直接関わる意思決定支援の事務としては、本人に重大な影響を与える法律行為及びそれに付随する事実行為が主である。しかしながら、そのような課題が生じてからいきなり意思決定支援をしようとしても容易ではなく、日頃から日常的な事柄について、本人が自ら意思決定をすることができるような支援がされ、そのような意思決定をした経験が蓄積されるという環境が整備されている必要がある。

①　本人のエンパワメント[18]

特に、本人が自信を持って意思決定を行うことができるためには、本人の自尊心や達成感が日頃から満たされていることが重要である。したがって、日常的に、本人が自ら意思決定を行う機会に接し、成功・失敗に至る過程を経ながら、「自らの意思決定が他者に尊重された」という経験を本人が得られるよう、後見人等も含めた本人に関わる支援者らが協力して支援をする（エンパワメント）環境が整備されることが求められる。

② 支援者側の共通認識・基本的姿勢

本人の意思決定に向けた支援は、これを支援する者の態度や本人との信頼関係、立ち会う人との関係性や環境による影響を受ける。また、意思決定支援をする支援者側の共通理解が乏しい場合、本人の意思決定や意思表明を引き出す支援が十分に行われなかったり、本人の意思を都合よく解釈した事実上の代行決定が行われたりするおそれもある。さらに、職業倫理や価値観の違いから、本人と支援者間、支援者相互の対立を招くことも懸念される。

したがって、意思決定支援を行うに際しては、後見人等を含めた本人に関わる各支援者が、本人の意思決定を尊重する基本的姿勢を身につけておく必要がある。そこで、本ガイドラインないし関連する他の意思決定支援ガイドラインをあらかじめ読み合わせておく、又は研修等に参加するなど、意思決定支援を行うに当たっての共通認識を得ておくことも重要である。

(2) 環境整備の手順、環境整備に対する後見人等の関与の仕方・役割

後見人等が就任した時点では、すでに本人は、親族や介護サービス、障害者福祉サービス事業者のスタッフや医療従事者等による支援を受けていることが多い（潜在的なチームの

存在）。後見人等としては、本人が日常生活を送るに当たって、これらの支援者によって、本人の意思決定が適切に支援され、表明された意思が十分に尊重されているかどうかを把握しつつ、以下の点に留意して活動を進める必要がある。

【留意するポイント】

①　後見人等に就任した後、なるべく早期に本人や支援者らと接触すること

②　本人の状況や支援状況を把握し、支援者らの輪に参加すること

③　本人の意思が周囲の支援者らから十分に尊重されていないとみられる場合には、環境の改善を試みること

特に専門職後見人の場合は、選任された時点では本人に関する情報量が親族や介護サービス事業者と比べて圧倒的に少ないことを自覚し、意識的に本人と話をしたり、本人のことを知ろうと努めることが重要である。

なお、意思決定を支援するチームが編成されていないような場合や、チームの編成を変更する必要があるような場合には、地域包括支援センターや障害者基幹相談支援センター、発達障

害者支援センターがチーム支援の起点となるよう、中核機関のサポートを受けながら働きかけを行うことが望ましい。

(3) 本人と後見人等の信頼関係の構築

後見人等としては、本人と定期的な面談、日常生活の観察や支援者らからの情報収集、生活歴の把握等を通じて積極的にコミュニケーションを図ることにより、本人が安心して自分の意思を伝えることができ、後見人等とともに意思決定支援のプロセスに参加することに意欲を持つことができるような信頼関係を構築しておくことも重要と考えられる。後見人等が本人にとってどのような存在であるのかを本人自身に正しく認識してもらうことにより、本人としても安心して支援を受けることができるようになるはずである。

2 後見人等の関与する意思決定支援の具体的なプロセス（個別課題が生じた後の対応）

(1) 本人にとって重大な影響を与えるような意思決定について

本人にとって重大な影響を与えるような法律行為およびそれに付随する事実行為に関して意思決定を行う場面において、後見人等に求められるのは、本人の意思決定のプロセスを丁寧に踏むという意識およびそのプロセスに積極的に関わるということである。具体的には、後見人等は、基本的に以下の場面で一定の重要な役割を担うことになる。

①　支援チームの編成と支援環境の調整

②　本人を交えたミーティング

もっとも、本人にとって重大な影響を与えるような法律行為およびそれに付随する事実行為に関して意思決定を行う場合においても、本人の意思が明らかであり、支援者においても本人の意思に沿うことで異論がないような場合には、本ガイドラインのプロセスを必ずしもすべて経る必要があるわけではない。

(2) 支援チームの編成と支援環境の調整

①　支援チームの編成

支援チームの編成は、本来は福祉関係者において責任を持って行うことが想定された事柄ではあるが、後見人等も、日頃から本人の意思決定支援のための環境整備がなされていることを前提に、ミーティング主催者とともに意思決定を支援するメンバーの選定に主体性を持って関わっていくことが望ましい。

一般的には、親族、介護支援専門員、相談支援専門員、施設長・施設ケアマネジャー等相談支援専門職・相談員、地域包括支援センター等行政機関の担当者、主治医・看護師・臨床心理士、医療ソーシャルワーカー・精神保健福祉士などが支援メンバー候補者であるが、これらの者に限るわけではなく、本人が希望する場合には、本人が信頼する友人やボランティア、当事者団体のメンバーなどが加わることもあり得る。第三者的な立場のメンバーが加わることで、支援者らが無意識のうちに自分達の価値観に基づきプロセスを進めることを防ぐという効果も期待される。本人の思いや意思が反映されやすいチームとすることを意識しつつ、課題に応じて適切なメンバーを選ぶことが重要である。

基本的には、本人との日常のコミュニケーションの方法をよく知る者、専門的見地から発言ができる者、その課題について本人に適切な選択肢を示すことができる者などがバランス良くメンバーに加わることが望ましい。メンバーには、本人の意思が明確に表明されない場合であっても本人の意思自体は存在するということを十分に理解し、その意思を汲もうとする姿勢が求められる。

一方で、当該事案において本人と利害が明らかに対立する者、本人の意思決定に不当な影響を与える可能性のある者の参加は好ましくなく、慎重な判断が求められる。

② 支援環境の調整・開催方法等の検討

本人を交えたミーティングに先立ち、支援チームのメンバー間において、ミーティングの趣旨やミーティングにおける留意点をお互いに理解するように努め、また本人にとってどのような形でミーティングを開催するのが適切であるかを、以下の点に留意して慎重に検討することが望ましい。チームが機能しているような場合、後見人等は、コーディネーターとして振る舞う必要はなく、以下の留意事項も踏まえ、他の支援者らが本人の意思や特性を尊重しながら適切に準備を進めているのかをチェックし、問題がある場合には改善を促すという形での関与をしていくことが求められる。また、後見人等のみならず、他の支援者においても、意思決定支援が適切なプロセスをたどっているかについて、相互にチェックし合うような環境が整備できると更に望ましい。他方で、後見人等は、他の支援者らとは異なり、最終的な決定権限（法定代理権）を有しているが、自分の価値観が最終的な決定に影響しないよう、意思決定支援の準備につき他の支援者らの意向を尊重するという意識を持つことも重要である。これに対し、チームがうまく機能していないような場合には、後見人等は、中核機関等からの支援を受けて他の支援者らに働きかけを行い、支援者らの意識の改善を図った上で検討を進めたり、チームの再編成を試みたりするなど、支援環境の調整段階から主体的に関与することが望ましい。

○意思決定や意思確認が困難とみられる局面における後見人等の役割

1　意思決定や意思確認が困難とみられる局面とは特定の意思決定について、意思決定支援を尽くしたにもかかわらず、本人の意思や意向を把握することが困難であり（本人とのコミュニケーションが困難である場合や、本人の意思の揺らぎが大きい場合など）、かつ、法的保護の観点から決定を先延ばしにすることができない場合もある。その場合には、本人の意思決定能力のアセスメント（評価）を行った上で、意思決定をすることが困難であると判断された場合には、代行決定のプロセスに移行することになる。

なお、決定を先延ばしにすることができる場合には、改めて意思決定支援を行うことになる。

2　本人の意思推定（意思と選好に基づく最善の解釈）アプローチ

(1)　基本的な考え方

意思決定能力アセスメントを実施した結果、本人の意思決定や意思確認が、その時点ではどうしても困難と評価された場合、代行決定が検討されることになる。もっとも、その場合であっても、後見人等が直ちに自らの価値判断に従って何が本人にとって最善であるかを決定することは避けるべきである。後見人等を含めた支援チームが集まって、本人の日常生活の場面や事業者のサービス提供場面における表情や感情、行動に関する記録などの情報に加え、これまでの生活史、人間関係等さまざまな情報を把握し、根拠を明確にしながら本人の意思および選好を推定することを試みることが必要である。すなわち、本人が自ら意思決定をすることができたとすれば、本人はどのような意思決定をしていたのかをまずは推定する必要がある。

収集された事実については、一見すると矛盾していたり、古すぎる情報、又聞き情報といったものも存在したりするため、信頼できる情報を適切に選別していく必要もある。さらに整理された事実に基づいて、本人の意思や価値観を合理的に推定していくために関係者による評価が行われる。後見人等は、本人の権利擁護の代弁者であるという意識を持ち、十分な根拠に基づいて本人の意思推定が行われているか、関係者による恣意的な本人の意思推定が行われていないかどうか等を注視していくことが求められる。

　このような整理や評価は、単独で行うことは通常困難であり、意思決定支援の場面で構築されたチームを活用し、複合的な視点から検討する必要がある。意思推定は、本人に意思決定能力があればどのような決断をしていたのかを第三者が推定し、判断するものである。支援チームがいかに努力したとしても本人の意思そのものとは異なって解釈される可能性があることから、慎重な取扱いが求められる。

(2) 検討結果に基づく後見人等としての行動原則

　ミーティングの結果、本人の意思が推定できる場合には、第五原則「本人にとって見過ごすことのできない重大な影響」に該当しない限り、後見人等も含めた支援者らは、本人の信条・価値観・選好に基づいて支援を展開することとなる。他方、意思推定すら困難な場面では、第五原則及び第六原則に沿って行動することが検討される（最善の利益に基づくアプローチ）。

○本人にとって最善の利益に基づく代行決定

1　本ガイドラインにおける「最善の利益」に基づく代行決定

これまで述べてきた通り、①意思決定支援を尽くしても本人の意思が明確ではなく、かつ、本人の意思を推定することさえできない場合や、②本人が表明した意思や推定される本人の意思を実現すると本人にとって見過ごすことができない重大な影響が生じてしまう場合には、後見人等は、「最善の利益」に基づく代行決定を行うことになる。

本ガイドラインで採用されている最善の利益は「本人にとっての最善の利益」、すなわち、本人の意向・感情・価値観を最大限尊重することを前提に他の要素も考慮するという考え方である。この点、「自分ならこうする。この方が本人のためだ。この人はこういうふうに行動すべきだ。」と、第三者の価値観で決めるという客観的・社会的利益を重視した考え方は採用していないことに注意が必要である。

2　本人にとっての「最善」を検討するための方法

(1)　最後の手段としての位置付け

本人にとっての最善の利益に基づく代行決定は、意思推定の場面とは異なり、本人の意思よりも他者の判断が優越し得る場合がある（本人の意思や推定意思とは異なる他者決定があり得る）ということに留意する必要がある。したがって、使い方を誤るとかえって本人の自己決定権の侵害となる可能性もあるため、最後の手段として慎重に検討されるべきものである。

特に後見人等としては、付与された代理権、取消権をどのように行使すべきかを検討する上で、第六原則を踏まえて、下記⑵のように検討すべきである。

⑵ 本人にとっての最善の利益を検討するための前提条件

□ 意思決定能力アセスメントが実施されているか？ 当該意思決定について、意思決定支援が尽くされているか否かを吟味する過程があったか？

□ その結果、意思決定支援の限界場面と評価できるか？

▼ 意思決定支援が尽くされたにもかかわらず、本人の意思決定や意思確認がどうしても困難であり、かつ、意思推定すら困難といえるか？

▼ 本人にとって見過ごすことができない重大な影響に該当するといえるか？

□ これ以上決定を先延ばしできない場面と評価できるか？

▼ 意思決定をしないこと（思うようにさせておくこと）もまた決定であり、行動しないことが

本人に与える結果についても念頭におく必要がある。

□　後見人等による代行決定が及ぶ意思決定か？

後見人等が代行決定することができない意思決定（身分関係の変動、身体への侵襲を伴う医療に関する意思決定等）には当たらないことの確認が必要である。

また、他の法律による介入が必要と判断される場合（例えば虐待防止法における「やむを得ない事由による措置」の発動など）には、所管する関係機関に対して会議への同席を求めることも検討する。

□　課題とされている意思決定に関与する本人の支援者らから、本人の選好・価値観その他本人にとって重要な情報が十分に得られているか？

□　本人が最善の利益の検討過程に参加・関与できる機会が考慮されているか？

後見人等は、本人にとっての最善の利益の判断に至る過程が適切に議論されているかどうかを確認する必要があるが、このような議論の整理や評価は、後見人等や支援者らが単独で行うことは通常困難である。したがって、緊急判断が求められる場面でない限り、意思決定支援の場面で構築されたチームを活用し、複合的な視点から検討する必要があるが、その際には、無意識のうちに支援のしやすさを優先していないか、最初から結論を決めており、代行決定を後付けの根拠としようとしていないかといった点に注意しなければならない。

(3) 本人にとっての最善の利益を検討する際の協議事項

① 本人の立場に立って考えられるメリット、デメリット（本人の主観的利益・損失を含む）を可能な限り挙げた上で、比較検討する。表（バランスシート）に記録することが望ましい。

② 相反する選択肢の両立可能性があるかどうかを検討する。

二者択一の選択が求められる場合においても、一見相反する選択肢を両立させることができないか考える。

③ 本人にとっての最善の利益を実現するに当たり、本人の自由の制約が可能な限り最小化できるような選択肢はどれかを検討する。

例えば、住まいの場を選択する場合、選択可能な中から、本人にとって自由の制限がより少ない方を選択する。また、本人の生命又は身体の安全を守るために、本人の最善の利益の観点からやむを得ず行動の自由を制限しなくてはならない場合は、行動の自由を制限するより他に選択肢がないか、制限せざるを得ない場合でも、その程度がより少なくて済むような方法が他にないか慎重に検討し、自由の制限を最小化する。その場合、本人が理解できるように説明し、本人の納得と同意が得られるように、最大限の努力をすることが求められる。

3　検討結果に基づく後見人等としての行動原則

後見人等は、最善の利益に関する協議結果を踏まえて、与えられた裁量・権限の範囲において、代行決定を行う。最善の利益に関する協議が、後見人等及び関連する支援者らにおいて真摯に行われることによって、当該代行決定が合理的かつ適切な情報に基づいて行われたことが推定される。将来的には、後見人等による権限行使・不行使が適切であったことを担保するための根拠資料となることも想定される。重要なことは、第一原則である。特定の意思決定についてこれ以上先延ばしができない場面において、後見人等による代行決定がされたとしても、将来にわたり本人が当該意思決定をすることができないと評価されることはないし、ましてやそれ以外の意思決定を行う能力がないと評価されることもない。なぜならば、意思決定能力アセスメントや代行決定は、意思決定をする・しないといった判断が迫られている限定的な場面の中で行われる本人の意思決定プロセスに対するその場限りの介入であり、異なる時点・場面においては、同じ意思決定に関する課題に対しても、本人（及び支援者らの意思決定支援力の総体として）の意思決定能力は変化し得るからである。

ガイドラインが求めるものと現実とのギャップ

座学だけでは後見業務は務まらない

少々長くなりましたが、このガイドラインが後見人等に何を求めているかを実感していただくために引用させていただきました。筆者が社会福祉士や精神保健福祉士を受験した時に専門学校で使用していたテキストを彷彿とさせるような内容です。傍点は筆者によりますが、後見人が必要とされる場面に付しておきました。

前述の通り〝作文〟としては、完成度の高い ❀（花マル）をもらえるような、立派な出来具合となっています。しかし、その実行可能性に至っては大いに疑問だということは、前にも指摘した通りです。ここまで読んで頂いた読者の皆様には、そのことがおわかりいただけたかと思います。

傍点部分を見ていただくと本人のエンパワメント[18)]を図ったり、支援環境の改善を試みたり、情報収集を行ったりアセスメント実施の検証を行ったりなどと、後見人にはまるでソーシャルワーカー[19]のような役割が期待されているようです。

さらに、従来の後見人等でも当然に必要とされた次の項目（一四三〜一四四頁）に至っては、腹を抱えて笑ってしまいました。

①　後見人等に就任した後、なるべく早期に本人や支援者らと接触すること
②　本人の状況や支援状況を把握し、支援者らの輪に参加すること
③　意識的に本人と話をしたり、本人のことを知ろうと努めること
④　本人と定期的な面談、日常生活の観察や支援者らからの情報収集、生活歴の把握等を通じて積極的にコミュニケーションを図ること
⑤　信頼関係を構築しておくこと

こういう基本的なことをいまさら持ち出さないとダメなほど、従来の後見人等の程度が低かったということでしょうか。会いにも行かず会っても話さない法律職後見人の多くが、現行の制度が普及しなかった元凶であるという自覚はないのでしょうか？　厚労省は、いった

い今度は、どういうすばらしい後見人を想定しているのでしょうか？　〝座学〟だけで何でもできると自己の能力を過信している法律職後見人が、この手の込んだガイドラインを仮に頭では理解したとして、ご本人に寄り添った素晴らしい後見人に大変身を遂げることができるなどと、本当に思っているのでしょうか？

それとも、ものすごくうがった見方をすれば、法律職後見人にはどだい無理なことを見越した上で無理難題を押しつけ、法律職後見人が尻尾をまいて逃げていくのを待っているのでしょうか？

もっとも、このガイドラインを作ったワーキング・グループ参加者の中には、例の公益社団法人の専務理事一名・常任理事二名がごたいそうに名前を連ねていますが、自分たちが従前できなかったことを、さらに超えるような内容に賛同して喜々としている神経には、本当に恐れ入ります。

ご本人や親族との信頼関係を構築することさえできず、令和三年に設立された「後見制度と家族の会」[20]に寄せられた、さまざまな問題案件を見るまでもなく、少しインターネットで検索すれば、後見人とのトラブルがいっぱい出てくる今日の状況に、大きく加担してきたこの団体が、臆面もなく、「面会しよう！」、「ご本人を理解しよう！」、「信頼関係をつくろう！」とは、いったいどの口が言っているのでしょうか？

高度な福祉スキルを要求するガイドライン

この「ガイドライン」では、相当、高度なスキルが求められているように思われます。精神疾患や知的障がいや認知症などを原因として、そのお心をなかなかくみ取れなくなっている方々のお心を知る、という困難な作業です。

私の経験でも、そのお心を知るために信頼関係を築こうとして、法律職後見人の多くがやる必要はないと考えてきた、買い物に付き合ったり、庭のちょっとした草木の手入れをしたり、一緒にケーキを食べに行ったり、といったことを重ねてきました。実に地道な、そして、決して裁判所が決める報酬には反映されない行為ばかりです。しかし、それをすることによって、ご本人が少しずつ警戒心を解き、私と話そうとして下さるようになったものです。

このガイドラインで要求されているのは、事例1で紹介した監督人Aのように、たった数分間面談しただけで、「贈与の可否を判断する能力はない」などと断言してしまう、硬直した頭脳の持ち主には決して務まらない内容であると思われます。

さらに懸念するのは、このガイドラインはチームで行うことですから、結局、国連が危惧する通り、「人の最善の利益」、つまり、ガイドラインで言う「本人にとっての最善の利益」に基づく代行決定が、行政・公益社団法人を中心に結託・癒着したチームによりなされることにより、〝支援のしやすさ〟を優先する結果にならないか、ということです。

ガイドラインが理想とするものとして、

「第三者的な立場のメンバーが加わることで、支援者らが無意識のうちに自分たちの価値観に基づきプロセスを進めることを防ぐという効果も期待される」

とありますが、そんな都合のいい第三者がたやすく存在するとも思えません。

国連の勧告で指摘された〝懸念〟が、〝懸念〟だけで終わってくれることをただただ願うばかりです。

7章　福祉関係者に学ぶ

高齢者に寄り添う在宅介護支援センターのスタッフたち

毎日高齢者宅に根気よく通うMさん

私が成年後見人の活動を始めた二〇〇〇（平成一二）年、二〇〇一（平成一三）年頃の話です。ソーシャルワーカーもケースワーカーも何のことなのか、とにかく〝福祉〟というものが全くわからなかった時に出会った二人のワーカーさんがいます。当時はまだ「地域包括支援センター」もない時代で、お二人ともその前身である「在宅介護支援センター」のスタッフでした。

私は当時、例の公益社団法人の創設当初のメンバーとして、二〇〇〇年から任意後見、法定後見をすでに数件、受託していました。その活動の中で、何人かの福祉関係者とのつながりもできていました。

　地方都市の下町で、先の戦争でも焼け残った古い文化住宅にお住まいだった八十歳代の女性の高齢者が、お住まいの家の中から、毎夜、ものを強く叩きつけるような大きな音とともに〝異臭〟もしてくるというので、近所の住民から在宅介護支援センターに通報が入り、そこで担当になった方がMさんでした。私のことを何の件でお知りになったのかは覚えていませんが、私はMさんの依頼で介入することになりました。

　とにかく対象の女性の方が、部屋から頑として出てこられないということで、いよいよ警察かというところまで行ったようですが、Mさんが日に何度も何度も足を運び、それでも最初は全く応答がなかったそうですが、そのうちに少しずつ聞いてくれるようになったとのことです。ドア越しにずっと根気よく何日もかけて語りかけた結果、自ら部屋を出て来て下さった、ということでした。

　私も、ご本人が退去した後のお部屋に入らせていただきましたが、家財が運び出された後でしたが、流し台の下の扉は、高齢女性とは考えられないような強い力が加わったのか、妙な具合に歪み、壁には大便がなすり付けられた跡と思われる茶色い縞がいくつもできていました。

Mさんは当時、まだ二十歳代後半くらいの化粧気のない小柄な女性でしたが（もっとも学生時代は〝やんちゃ〟で、その頃の金髪の写真を見せていただいたことがありました）、自転車にまたがって、町内の高齢者宅を走り回っておられた爽やかな姿が思い出されます。

目の前の困っている人をまず援助する

同じ頃、公営住宅で、お一人で暮らされていた八十歳代の女性が認知症に罹患され、徘徊で何度も保護され、さらに悪質な消費者被害にもあっておられるということで、私が、後見人に就任しました。お体はすこぶるお元気なのですが、資産・年金が乏しかったため、なかなか受け入れてくれる施設が見つからず、いよいよやっと見つけた施設に入る際に、住宅に残された家財道具をどうするか、という問題に直面しました。相当量の家財道具です。今でこそ、こういったことに対応してくれる業者さんが増えましたが、今世紀初頭の頃は、対処してくれてもかなりの料金がかかりました。預金通帳には、三十万円にも及ばない残高と、一カ月に換算すれば十万円にも満たない年金しかありません。

困っていた時に手を差し伸べてくれたのが、彼女を最初に見つけ出した在宅介護支援センターのNさんで、彼女が率先してその上司まで引き連れて、数日に分けて夕方の勤務時間終了後、家財の片付けをして下さいました。私も、夕方から数日間、家財の片づけ作業をしたものです。

こういうMさんやNさんのような方には、その後、何人にも出会っています。自分の管理する施設に入所が決まった資産の乏しい八十歳代の女性高齢者のご自宅が、〝ゴミ屋敷〟になってしまっているのを、どうやって処分しようかと途方に暮れていた後見人の私に、

「ええわ、うちの若いもんにさせるわ！」

とおっしゃって、自らもワーカーの〝正装〟たるジャージを着こんで、率先して片付けに手を貸して下さった姉御肌の特別養護老人ホームの施設長さんがいました。

また、サービス付き高齢者向け住宅に入居していた九十歳にもなる高齢女性の具合が悪くなったところ、居宅介護事業所のヘルパーさんの訪問時間外でもあったし、救急車を呼ぶまでもないだろうということで、結局、私が私の車で病院まで連れてゆくことになった時に、心配して会社と喧嘩をしてまで同行してくれたケアマネジャーさんもいました。

目の前に困っている人がいるんだからと言って、体が勝手に先に動いてしまうような方々ばかりです。

司法書士でしかなかった私には、新鮮で違った世界のことであるように思えました。

法律職後見人と福祉職後見人の〝資質〟の違い

公益社団法人の会議での関心事とは？

その頃私は、例の公益社団法人で、地方組織の役員をしていましたが、その会議で話されることといえば、

「やれ、弁護士に成年後見選任者数で負けてはいけない！」

「行政書士などもこの分野に進出しようとしているぞ！」

「報酬の少ない案件はどうするか、家裁と協議だ」

「やっぱり、行政と緊密になってそこから直接何とかするようにしなければいけない！」

とか、目の前にいる困っている方々をどう援助すればいいのかといったことはさしおいての議論が目立ったように覚えています。


私がそれから十年後に、この組織を抜ける前に依頼されたことは、

「公証人会とつながりを保っておきたいからゴルフコンペに出てほしい」

でした。
全く、次元が違います。

「事実行為」や「死後事務」を嫌がる法律職後見人

「事実行為」というものがあります。食事や排泄といった介助や病院への付き添いや送迎といったことで、後見人は自らするべきではないとされています。今でもできるだけ働きたくない弁護士なんかが、教科書的にのたまわっていますが、ご本人に危険が及ぶようなことはもちろん論外ですが、わざわざ業者を呼んでまですることもなく、後見人で簡単にできてしまうようなことなどまで、何も禁じる必要はないと思います。ましてや経済的に余裕がなく、また病院に緊急に連れて行かなければならないようなケースも往々にしてあります。また、すでに書いた通り、買い物や食事に同行するなどといった「事実行為」をすることで、ご本人との信頼関係が育まれることも多々あります。

この公益社団法人はその頃、もちろん「事実行為」を否定していました。(もっとも、この法人の先に紹介しました平成一八年の不祥事では、高齢者と一緒に食事に行った際に、食事代はもちろん負担させた上で、食事時間も〝業務〟として高額の報酬の対象にしていたということ

ですから、この法人のメンバーにかかると「事実行為」もお金を得る目的になってしまうようです）

同じ頃、この社団法人で「死後事務」をテーマにしたセミナーがありました。

被後見人等が亡くなった後の葬儀や火葬や埋葬については、昨今では民法の改正もあったりして、わりと当たり前のように行われていますが、当時は議論が分かれたものです。私は、親族がいないとかトラブルが考えられないような場合には、積極的に行った方がご本人のためになると考えていましたが、セミナーでの議論の大半はしなくてもいい、というものだったように記憶しています。後に前に述べた「全件原本確認」で反対する仲間の首を大量に切ることになる中心人物の一人に、当時、どうして死後事務を消極的に考えるのかを聞いたことがあります。その答えはいたって明瞭でした。

「そんな煩雑なことまでしなければならないとなると、この法人に参加してくれる人は増えないだろう!?」

お世話する目の前にいる〝人〟のことをまず一番に考えてしまう、私が多く出会ってきた福祉関係者との〝資質〟の違いが見て取れます。彼らにとっての関心事は、当時から、目の前にいる〝人〟よりも〝組織の維持・拡大〟にあったようです。

支部活動も「公益」のうち?

「公益」についての笑い話を一つ……。

表12は、ある地方都市にある単位会での規定ですが、全国どこの会であっても同じような規定があると思われます。「世のため、人のためになる」活動をしようというのは見上げた心構えでありますが、面白いのは、

「(9)その他、本会が公益的とみなす活動」（表12、表13）

に、自分たちの組織の役員活動が含まれていることです。自分たちの組織内活動が「世のため人のためである」という認識はある意味、異常性を感じてしまいます。自分たちの組織内活動が、どうして「世のため人のために」なるのでしょうか？　そういえば、よくこういった組織内活動に従事している人々が、司法書士の業務の一つである「多重債務」に語呂合わせをして、

「『多重会務』だからさぁ……」

と、さも誇らしげに汗をふきふき語っていたのを見かけましたが、彼らの意識の中では、司法書士会や連合会や、そして例の公益社団法人の役員の活動は紛れもなく「世のため人のため」であるとの認識なのでしょう。よっぽど、町内会の公園清掃作業の方が

表12　○○司法書士会公益的活動に関する規則

（目的）

第1条　この規則は、司法書士倫理第6条（第6条 司法書士は、国民に信頼され、国民が利用しやすい司法制度の発展に寄与する。）及び第7条（第7条 司法書士は、公益的な活動に努め、公共の利益の実現、社会秩序の維持及び法制度の改善に貢献する。）に基づき、司法書士には公益的活動を行う使命及び職責があることを確認し、○○司法書士会（以下「本会」という。）の司法書士会員及び法人会員（以下「会員」）の公益的活動等に関して定める。

（公益的活動の内容）

第2条　この規則において公益的活動とは、次に掲げるものをいう。

⑴ 本会・支部・○○司法書士会連合会・○○司法書士会連合会（以下「本会等」という。）が主催・共催・後援する、各種相談活動及び本会等から派遣されて行う各種相談活動

⑵ 本会等が主催・共催・後援する、法律・人権擁護・司法制度の改善・社会保障等に関する教育を目的とする活動

⑶ 本会等が主催・共催・後援する、研修会・講演会の講師としての活動

⑷ 本会等が行う裁判外紛争解決手続（ADR）機関の運営に参加する活動

⑸ 総合法律支援法に基づき、日本司法支援センターと契約して行う民事法律扶助業務

⑹ 官公署の委嘱による調停委員・司法委員・参与員・筆界調査委員・法定後見人・保佐人・補助人・後見監督人・保佐監督人・補助監督人等としての活動

⑺ 日本司法支援センターの役員・職員・委員としての活動

⑻ 弁護士会等隣接法律専門職者団体が主催する研修会・講演会の講師としての活動

<u>⑼ その他、本会が公益的とみなす活動</u>（太字・下線筆者）

表13　規則第2条第9号の公益的活動

第2条　規則第2条第9号の「その他、**<u>本会が公益的とみなす活動</u>**」とは、次に掲げるものとする。（太字・下線筆者）

⑴ 本会、○○司法書士会連合会又は○○司法書士会連合会の役員、委員、所員、研究員等としての活動

⑵ 支部の役員としての活動

⑶ 関連団体（○○司法書士政治連盟、○○司法書士協同組合、一般社団法人○○公共嘱託登記司法書士協会及び公益社団法人成年後見○○○○支部をいう。）の役員、委員等としての活動

「世のため人のため」だと思ってしまいますが……。先に述べた、「セイレン（政治連盟）」（表8）に至っては、どこから見ても業界エゴ・私益のかたまりだとしか私には見えないのですが、それもりっぱな「公益」だそうです。

市民の皆様はどのようにお感じになるでしょうか？

こういう微妙に市民感覚とずれた者でも、つまり、誰であっても就任できるのが成年後見人であるところに、この制度の底知れない恐ろしさが実はあるのだと思います。

終わりに

この本は、前作『本当は怖い！成年後見　成年後見人には気をつけろ！』（二〇一七）を出版して五年以上が経過した昨年の八月に、知人の紹介でＮＨＫのリモート取材を受けたことをきっかけとしています。取材内容はやはり成年後見に関するものでした。

私が二〇一二（平成二四）年に出版した『お一人さまが死ぬまで自立して生きるための本　成年後見人がいれば大丈夫』以来、この後見制度に関して私がずっと主張してきた方向に、昨今の今後予想される制度の大改正関連の記事を見ていても、動き出しそうな予感に期待を寄せてはいましたが、実は「もう、後見のことはいいだろう」という気持ちになっていました。それも、お年寄りのお世話をずっと毎日それこそ休むことなくやっているうちに、私自身が六五歳近くになり、還暦頃からかなり悪いと診断されていた〝頚椎症〟も悪化して、医者から「下手に転んだら即、寝たきり」などと脅かされて、せっかく立ち上げていた後見関係の「一般社団法人」の活動も事実上休止していたからです。

その後、ＮＨＫのディレクターさんからの依頼で、実際に会っての取材になった時に、そのディレクターの方が、ご自身のプライベートなことのために私の前作をお読みになっていたことを知りました。お持ちの私の著作を見せていただきましたが、付箋を貼って実に丁寧に読んで下さっていました。ペンネームで出版したにもかかわらず、著者が私であると調べて、是非に取材をしてみたいと思って下さったようです。

その時の取材では、前作にも私が書いていたような、現在の成年後見制度の問題点に焦点を当てるような番組を作りたいということで、「クローズアップ現代」への出演も承諾しました。

テレビに出るのはこれで三度目でしたし、以前一回経験した緊張の極致のような生放送でもなく録画であるということでしたので、気楽にかまえていましたが、

「もう、言いたりないことはありませんか？」

と、最後に言われた事務所でのロングインタビューでは、力が入りすぎて、何度もNGとなり、喉はからからに乾き、ぐったりと疲れてしまいました。「私の言いたいことはこれです」と、事前にディレクターさんにも伝えていましたが、言葉がうまく出てきませんでした。

二〇二二年一一月一四日に「クローズアップ現代～親の金をどう守る認知症六〇〇万人の資産管理トラブル回避術」として放送されましたが、その中で私は、ただ単にお世話をしてい

る高齢者とお話をしているだけの〝人のいい初老の後見人〟として描かれていました。あんなに力を入れてぐったりしながら受けた、撮り直しを含めたら一時間以上には及んだと思われるロングインタビューは，すべてカットされていました。

同じようなことは二〇一四（平成二六）年七月三一日に放映された、大阪朝日放送の「キャスト」という情報番組で、成年後見活動の密着取材を受けた時にも経験したことでした。私が、カメラの前でしゃべり続けた成年後見制度の改善すべき点などは、やはりごっそりカットされていて、

「成年後見制度ってなんて素晴らしいんでしょう！　あなたはご立派です！」

に終始されていました。

五日間の密着取材は何だったのか、という疑問が残ったものです。

しかし、今回は番組全体を通じて、現在の成年後見制度には多くの不都合な点があり、一番多く後見人を輩出してきた例の公益社団法人の構成員がでたらめな後見活動をして市民を苦しめているという事実を報道してくれたことには、隔世の感を覚えました。ほんの数年前までは、大手のマスコミが絶対に取り上げてはくれなかったことだからです。

今回の成年後見制度の見直しは、二〇二六（令和八）年度までには法務省が民法の改正法案を国会に提出する予定だと言います。そこで、抜本的な改正が予定されているわけですが、この制度開始とともに後見人に就任してきた私としては、少しでも市民にとって有益な制度となるよう願ってやみません。

二〇二六年には、六八歳になっている私は、かなりの確率で、すでに司法書士も福祉士も廃業していると思いますが、間違っても、既得権益者だけが哄笑するだけで終わるようなバカげた改革で終わらないよう、ただ、ただ、祈るばかりです。

20）　後見制度と家族の会

令和３年６月 15 日に「後見される側の視点で、後見制度の運用に関する事実や意見を発信し、後見制度の円滑な運用に資することを目的」に設立された家族会である。

- 朝倉病院事件：入院患者への身体拘束や非人道的な行為が長年行われ、入院患者 40 名以上が不審な死を遂げていたことが 2001 年に元職員の告発により発覚した事件。
- 神出病院事件：2018 年から 2019 年にかけて、看護師、看護助手の計 6 人が、重度の統合失調症や認知症患者 7 人に対して 10 件の虐待行為をしたことが 2020 年 3 月に発覚した事件。
- 滝山病院事件：東京都八王子市の私立の精神科・滝山病院で、看護師が患者への暴行容疑で逮捕、略式起訴された。同病院では他にも不適切な行為があった疑いが指摘される。事件からは、日本の精神科医療の問題点が浮かぶ。「しゃべんなっつってんだろ！」患者の頭を叩く職員と見られる人物。叩かれた患者は「怖い。怖い。痛い…」とうめく。患者側の相原啓介弁護士が公開した、病院内で撮影されたとされる映像には、患者に対する複数の暴力的行為が映っていた。警視庁が立件した暴行も動画が裏付けになったという。（朝日新聞デジタル 2023 年 3 月 14 日配信）

18） エンパワメント

一人一人が本来持っている力を引き出して、自分の意思決定により自発的に行動できるようにすること。

19） ソーシャルワーカー

医療・介護・福祉・教育などの分野で相談支援を行う専門職のこと。医療ソーシャルワーカー（MSW）、精神科ソーシャルワーカー（PSW）、介護施設の生活相談員、学校でのスクールソーシャルワーカー（SSW）などがある。

大な人権侵害につながるのである。

成年後見用の「診断書」を作成できる医師に制限はなく、精神科医に限られていない。そこが恐ろしいところで、筆者の経験でもやたらと「後見相当」が以前は頻発されていたように思われる。もちろん医師に悪意はなく、関係する行政や施設を「慮って」のことだと思われるが、「後見相当」とされた高齢者が精神鑑定の結果「補助相当」とされ、診断書を作成した内科医を「虚偽診断書等作成罪」で刑事告訴したという事件も発生しているという。（「月刊 Hanada」2023 年 2 月号）

15） 成年後見制度利用支援事業

判断能力が十分でない高齢者や知的障害者のうち、後見人等が必要であるにもかかわらず、配偶者および四親等内の親族がいない、または親族がいても音信不通などで申立ての手続きに協力してもらえない方に対し、市町村が家庭裁判所に審判の申立てをするなど、成年後見制度の利用にかかる費用の全部又は一部を補助する厚生労働省の事業。生活保護受給者やそれに準ずる困窮者には、申立て費用や後見人等の報酬を一部助成してくれる。

16） 注意勧告

司法書士会がその所属会員に司法書士法や所属司法書士会の会則違反があると認めたときに発する勧告のこと。

17） 宇都宮病院事件、朝倉病院事件、神出病院事件、滝山病院事件

これまでにも精神科病院は入院患者に対する重大な人権侵害事件をおこしてきた。

- 宇都宮病院事件：1983 年に看護職員が入院患者に暴行を加えて 2 名を死亡させた事件。

できるようになった。

13）　法テラス

法テラスは、総合法律支援法（平成16年6月2日公布）に基づき、独立行政法人の枠組みに従って設立された法人で、総合法律支援に関する事業を迅速かつ適切に行うことを目的としている。（総合法律支援法第14条）

法テラスは、裁判その他の法による紛争の解決のための制度の利用をより容易にするとともに、弁護士および弁護士法人並びに司法書士その他の隣接法律専門職者（弁護士および弁護士法人以外の者であって、法律により他人の法律事務を取り扱うことを業とすることができる者をいう。以下同じ）のサービスを、より身近に受けられるようにするための総合的な支援の実施および体制の整備に関し、民事・刑事を問わず、あまねく全国において、法による紛争の解決に必要な情報やサービスの提供が受けられる社会の実現を目指して、その業務の迅速、適切かつ効果的な運営を図ります。（総合法律支援法第2条）（ホームページから抜粋）

14）　後見相当

法定後見の態様はその判断能力の違いにより補助、保佐、後見に分けられる。そのうち「後見相当」は一番程度の高いもので、「精神上の障害により事理を弁識する能力を欠く常況にある者」（民法7条）とされ、2023年2月現在の、大阪家庭裁判所提出用の「診断書」によると「支援を受けても、契約上の意味・内容を自ら理解し、判断することができない」状態とされる。それ以前の「診断書」では「自己の財産を管理・処分することができない」状態とされていた。条文上からも判断能力がほぼ無い状態が常に続いていると解釈できる。これほど程度が高いゆえ、日用品の購入その他日常生活に関する行為以外の法律行為は単独ですることができない。ここのところが悪用されると重の通帳だけ管理していることから、後見人Bが妹Dの利益をはかって、裁判所が監督している本人Cの財産を侵害することがないように「注意している」ということであろうか。ただし、本件では、利益を得ているのは本人Cであって、全く問題にはならないはずである。それともわざわざ将来、後見人Bが妹Dのために本人Cに不利益を与えないように「注意している」とでも言うのであろうか？　意味不明である。

10）　後見制度支援信託

後見制度支援信託は、ご本人の財産のうち、日常的な支払をするのに必要十分な金銭を預貯金等として親族の後見人（以下「親族後見人」という）が管理し、通常使用しない金銭を信託銀行等に信託する仕組みのこと。後見制度支援信託を利用すると、信託財産を払い戻したり、信託契約を解約したりするには、あらかじめ家庭裁判所が発行する指示書が必要になるので、本人の財産が適切に管理・利用されるようになる。（名古屋家庭裁判所のホームページから抜粋）

11）　裁判所の予算

最高裁判所による「裁判所データブック 2022」によると、令和 4 年度の国の予算総額 107,596,424,558 円の 0.3％にすぎない 322,813,550 円である。

12）　公益社団法人

法人の設立と公益性の判断を分離する公益社団法人制度改革関連 3 法が平成 20 年 12 月に施行され、一般社団・財団法人、公益社団・財団法人が誕生したが、一般社団・財団法人のうち、民間有識者からなる第三者委員会による公益性の審査を経て、行政庁（内閣府または都道府県）から公益認定を受けることで、公益社団・財団法人として税制上の優遇措置を受けることが

5） 保佐監督人

本人と保佐人との利益が相反するような場合に、申立てによりまたは職権によって選任される保佐人の“お目付け役”のこと。本ケースの場合、審判官が職権で、「好ましからざる保佐人」のアラを探すために選任したというところであろうか？

6） 立　件

立件とは、後見人等に横領等の不正行為が疑われ、それを調査するために監督人等を選任する場合に使用されるようである。保佐人Ｅは、「いよいよ犯罪者扱い」にされたかと思ったそうだ。

7） 省　略

任意後見人Ｂが振込手続きをしないことによって、後見業務の一部をサボっているといった意味かと推測される。後見人等の解任事由の一つに“職務懈怠”があるが、このことをちらつかせて脅しているつもりであろうか。

8） 財産管理契約

財産管理契約とは、意思能力は十分にあるが、身体に衰えが見られ、自分自身で金融機関等に行くことが難しくなってきた高齢者に代わって、任意代理人が通帳等を預かり、財産の管理を行う契約のこと。認知症等の症状が現れた場合は、家庭裁判所から選任される監督人が、財産を管理する任意後見人を監督する「任意後見契約」の前段階として機能する契約である。財産管理契約で預かる財産はすべてである必要はなく、例えば数冊ある通帳のうちの一部であってもよい。

9） 利益相反行為

任意後見人Ｂが妹Ｄと本人Ｃとの財産をＤについては一部

註

1）　指定特定相談支援事業所

障がい者やその家族が障害福祉サービスを利用する際の相談窓口になる市町村が指定した事業所のこと。

2）　任意後見監督人

任意後見契約を締結した本人に判断能力の低下が見られた場合に、家庭裁判所に申し立てて選任される監督人のこと。そこから、任意後見契約の効力が生じる。本人が信頼していた任意後見人と異なり、全く本人にとって見ず知らずの弁護士や司法書士等が選任されてくるのが普通で、「とんでもない法律家」が現れることによって問題が生じるのは法定後見と同じ。

3）　利益相反

利益相反とは、当事者間の行為が、一方の立場では利益になるものの、他の立場では不利益になることをさす。この場合、契約時に保佐人Ｅに報酬が発生することはないので、以前に補足的に聞かれた場合も、報酬の発生が死後であるということで何のおとがめもなかったが、その死後に発生する金額をめぐって、保佐人Ｅがお世話をするという優越的立場から、Ｆの不利益になると判断したのであろう。それを回避するために、公証人を入れてあるのだが……。

4）　臨時保佐人

本人と保佐人との利益が相反する行為について、裁判所が選任する、保佐人に代わって本人を代理する特別代理人のこと。

テキストデータ引換券

視覚障害者の方およびその関係者の方には、ご希望により、本書のテキストデータを提供いたします。

本頁を切り取り、住所・氏名および送付先のメールアドレスを明記し、下記まで郵便で送って下さい。到着後、メールにてテキストデータをお送りいたします。

〒113-0034　東京都文京区湯島１－９－10
湯島ビルディング103
有限会社　伏 流 社

住　　所

氏　　名

電話番号

メールアドレス

※アドレスはわかりやすく書いて下さい。
１とｌ（イチとエル）、０とＯ（ゼロとオー）、ｕとｖ（ユーとヴィ）、-と—と_（ハイフンとダッシュとアンダーバー）等、紛らわしいものにつきましては仮名にて添え書きをお願いいたします。

伏 流 社

成年後見制度はなぜしくじったのか

キリトリ線

著者紹介

仲島 幹朗（なかじま　みきお）

1958年生まれ。中央大学法学部卒。生命保険会社勤務後、コピーライター、司法書士事務所補助者、フリーター等を経て、司法書士国家試験に合格。200件近くの法定後見人・任意後見人に就任。50歳を過ぎてから社会福祉士、精神保健福祉士の国家資格も取得。2022年11月14日、NHK「クローズアップ現代～親の金をどう守る認知症600万人の資産管理トラブル回避術」に出演。

著書：『おひとりさまが死ぬまで自立して生きるための本―成年後見人がいれば大丈夫』（パブラボ）2012（別名義）、『本当は怖い！成年後見―成年後見人には気をつけろ』（文芸社）2017、『残映―成年後見人が見た、それぞれの人生の「あとじまい」』（文芸社）2019、『落日の彼方に』（文芸社）2023（別名義）

成年後見制度はなぜしくじったのか

令和5年7月20日　初版発行

著　者　　仲島 幹朗

発　行　　有限会社　伏 流 社

東京都文京区湯島１－９－１０

電話　03（5615）8043

Fax.　03（5615）9743

印刷・製本　モリモト印刷

ISBN978-4-9910441-7-5 C0036